Los oscuros

Los oscuros

Luis G. Martín

ALFAGUARA HISPANICA

Juan Bravo, 38 28006 Madrid
Teléfono (91) 276 38 00

ISBN: 84-204-8069-X
Depósito legal: M. 44.542-1989
Diseño:
Proyecto de Enric Satué

Para Arturo Derteano

No hay otro amor que el que de
hueco se alimenta,
no hay más mirar que el que en la
nada alza su imagen elegida.

Julio Cortázar, *Salvo el crepúsculo*

J'ai toujours aimé ta nuque. (...) Le seul morceau de toi que je pouvais regarder sans être vu.

François Truffaut, *Jules et Jim*

Índice

Elizabeth Nelson (*Exordio*)

Fue en los primeros años del mil ochocientos, según se relata en las *Memorias* del Marqués de Barcoazul, cuando Elizabeth Nelson vio, en la cubierta de un buque mercante que abandonaba el puerto de Georgetown, en la Guyana, el rostro de un hombre que la miraba carnalmente y levantaba una mano para despedirse de ella. Elizabeth Nelson, una señorita de conducta virtuosa, doncella aún, no conocía hombres. Nunca antes había visto a aquel muchacho de compostura descuidada y de expresión audaz que se estiraba sobre el barandal como si tratara de sujetar el barco para detener su marcha. Lo miró alejarse mar adentro, adivinando en la distancia los movimientos lentos de sus brazos alzados, y luego, entristecida y turbada, se recogió la falda, abrió el parasol y regresó a casa.

Dos meses después recibió una carta de amor. Había sido escrita en New Amsterdam, un puerto al este de Georgetown, y la firmaba Calvin Temper, el joven que desarregló su sosiego irreparablemente al sonreírle desde un barco que partía. Apenas contaba nada de sí mismo. Había nacido en Edimburgo y a la edad de dos años emigró a la América septentrional con su padre, un predicador calvinista de voluntad evangelizadora que fue asesinado en una revuelta pocos años después de su llegada. Estaba empleado como cargador en el *Ireneus*, un bajel de bandera holandesa que hacía la ruta de Georgetown a Recife comerciando con café, caña de azúcar y esclavos negros.

Aquellos largos años de navegación —decía— le habían desbaratado el ánimo. Le hastiaban ya los paisajes provisionales y los amores huidizos. Sus manos necesitaban sujetarse más allá del tiempo que tardaba el barco en cargar o descargar su mercancía en una ciudad. Quería establecerse en una tierra, dormir cada noche con la misma mujer y saber siempre, en las últimas horas de la madrugada, por qué lugar del fondo del mundo iba a levantarse el sol. Le decía también que la amaba: llegaría a Paramaribo, donde el *Ireneus* debía detenerse unos días a llenar de licores las bodegas, se despediría entonces del patrón y regresaría por tierra para pedir su mano.

Abrazando la carta contra su seno, Elizabeth Nelson lloró de dicha toda la noche. Imaginó la soledad de un hombre que pensaba en ella a muchas millas de distancia y que probablemente miraba el mar por el tragaluz de su camarote para recordarla. Cuando amanecía se quedó dormida, suspirando y repitiendo en el entresueño palabras de amores delicados.

Calvin Temper siguió alimentando las pasiones de la señorita Nelson durante dos años. Después de la primera carta, le escribió desde Paramaribo disculpándose por el aplazamiento de su regreso: una epidemia de cólera había diezmado a la tripulación y su partida se había vuelto provisionalmente inconveniente: en Cayena, la próxima escala del *Ireneus*, todo estaría resuelto y él podría abandonar el barco para correr en su busca. En Cayena redactó otra carta con las mismas promesas de amor, asegurando ahora que al recalar en Belém regresaría. Los puertos se fueron sucediendo: São Luis, Parnaiba, Camocim, Fortaleza, Natal. Y los juramentos cada vez más encendidos iban devorando el corazón de Elizabeth Nelson, que todas las tardes acudía al puerto y se sentaba en un pretil tratando de distinguir en el horizonte los mástiles de los barcos.

Pero en los primeros meses de 1805 dejaron de navegar barcos frente a las costas serpenteantes de Georgetown. Bruno el Manco, uno de los piratas más célebres de aquellos mares, acababa de ser ejecutado. Su hijo Aníbal, que tomaría el sobrenombre de El Cruel por gracia de sus hechos, juró vengarlo. Recorrió la región reclutando rufianes, malhechores y huidos de la ley: reunió la marinería más sanguinaria que se conoció jamás.

Aníbal desenterró la fortuna que su padre guardaba en una pequeña isla del Caribe y mandó construir un barco tan rápido como el relámpago. Luego, escarnecido por las burlas de una tripulación de borrachos que planeaba ya motines, ordenó que lo pintaran de azul. Lo pintaron todo: el casco y la cubierta, el puente, las velas, el timón y las sogas, el ancla, el mascarón, los aparejos. Compró para sus hombres ropas azules, y en el palo mayor izó una bandera azul abierta por una calavera de color de nubes. En la Navidad de 1804 el barco zarpó.

Durante mucho tiempo atemorizó aquellos mares. Ningún otro navío los cruzó. Para ir de este a oeste, para comerciar con las frutas o el café, había que atravesar las selvas y las cordilleras, y no todos los que trataban de hacerlo lograban salvar los cargamentos o salvar las vidas. Uno al otro, el este y el oeste se olvidaron poco a poco. En aquellos años, además, la Marina Real perdió veinte buques y setecientos hombres.

Nadie veía el barco de El Cruel. Su figura se confundía con el azul del cielo o con el azul del mar o con el azul del mundo. Los navíos se empeñaban en un acecho inútil: el barco pirata abordaba silenciosamente, y lo primero que veían de él era los rostros de carne de hombres que les acuchillaban. Jamás cañonearon, no hizo falta: invisible su azul en el azul del fondo, resbalaban en el mar como la grasa, embestían el barco enemigo y lo llenaban de sangre. Ningún hombre escapó vivo de los abordajes de El Cruel. Los piratas sólo perdieron, sin embargo, dos hombres: uno murió de fiebres; al otro lo mandó ejecutar Aníbal por discutirle una orden.

Cuando el mar se convirtió en una agonía de navíos, Gerard Milouet, el Gobernador del país, dispuso que un buque de la Marina Real escoltara cada barco que atravesase la región. No sirvió de nada: los marinos reales miraban cómo el barco se detenía, se detenían con él, lo aguardaban, se acercaban luego a preguntar cuál era el contratiempo, y encontraban la cubierta infestada de cadáveres y las bodegas vacías. Se duplicó, se multiplicó la escolta. Fue igual: los piratas arrasaban el mar como fantasmas, defendidos sólo por el silencio de un océano y un cielo azules.

El *Ireneus* fue atacado y hundido frente a las costas de Nieuw Nickerie pocos días antes de que Elizabeth Nelson recibiera la última de las cartas de amor de Calvin Temper. Cuando tuvo noticia de la tragedia se puso el vestido blanco que lucía la tarde en que lo conoció, y se arrojó luego al mar por el muelle del puerto desde el que el *Ireneus* había zarpado. Pero no consiguió quitarse la vida: el miriñaque y las enaguas, firmemente asidos a su cintura, se hincharon como un globo aerostático y la sujetaron sobre la superficie quieta del agua. Al cabo, hubo que sacarla para que no muriera de asco. Pisó tierra de nuevo envuelta en algas, en viscosidades y en desperdicios. Enredados en el polisón, encontró peces muertos y trozos de madera putrefacta. Elizabeth Nelson apestaba.

En los meses siguientes no salió de su casa. Quemó los trajes atrevidos que había ido encargando a los mercaderes de la metrópoli y compró sobrias ropas de luto para vigilar su viudedad. Se volvió muy piadosa: gastaba las horas rezando y, más tarde, cuando por fin abandonó su retiro, atendiendo con caridad infinita a los desposeídos de la ciudad.

La locura de Elizabeth Nelson alcanzó renombre en Georgetown. Su existencia se llenó de habladurías y desaires. Las damas de su edad, todas desposadas ya, la compadecían en privado y la afrentaban en público. Los hombres, que en secreto la codiciaban, se burlaban luego de ella cruelmente en plazas y en tabernas.

Elizabeth Nelson, sin embargo, permanecía ajena a todo aquel escarnio que la perseguía. Diariamente atendía sus obras piadosas, paseaba por el puerto y releía las cartas desgastadas de Calvin Temper. Lo amaba cada vez más: en la holgura de sus recuerdos cabían las proezas legendarias, la gallardía noble y la ternura inmóvil que nunca había podido llegar a conocer en él.

Un día llamó a su puerta un hombre y dijo que era Calvin Temper. Ella le examinó el rostro y lo reconoció: conmocionada y feliz, cayó desmayada. Hieronymus Phölser, el impostor, la recogió del suelo y la llevó hasta la alcoba. La desnudó. Susurrándole al oído palabras de amor que ella escuchaba desde las tinieblas de su aturdimiento, tomó su virginidad y se marchó sin esperar a que se reanimara. Se llevó la sábana manchada para probar su hazaña y cobrar así las cien monedas en que una cuadrilla de jayanes había tasado la doncellez de la infeliz.

Después de aquel episodio todos los hombres de la región acudieron a la casa de la señorita

Nelson y la conocieron carnalmente. Le decían: «Soy Calvin Temper», y ella, después de reconocer en su rostro la vaguedad de aquél que viera muchos años atrás en la cubierta de un barco, se les entregaba sin prudencia. Las mancebías de la ciudad comenzaron a cerrar: ningún hombre quería pagar por aquello que ahora habría de conseguir sin precio. Elizabeth Nelson, además, les daba la ilusión de ese amor verdadero que en una cortesana no sabían ya encontrar.

En 1821, más de quince años después de que su barco se hiciera a la mar, fue capturado Aníbal el Cruel. El Gobernador, en un último empeño de lograr lo que las armas no habían logrado, embarcó a su hija con cincuenta hombres en el mejor buque de guerra que le quedaba aún. Surcaron los mares hasta que El Cruel los avistó: fueron abordados inesperadamente, y los marinos reales, desapercibidos y aterrados, ensuciaron con la sangre de sus pechos y gargantas los cuchillos de los corsarios. Entre el espanto de la masacre, Aníbal entrevió al fondo de la cubierta, pegado al palo mayor, un rostro de mujer. Abandonó a medio morir a un marino y se acercó a ella: allí donde los humanos tienen ojos, El Cruel descubrió dos cristales de agua verde. La hija del Gobernador, muerta de miedo, le dijo: «Deja de matar y me casaré contigo». Aníbal arrojó la espada, ordenó a sus hombres que cesaran de pelear y presentó al capitán del buque su rendición sin condiciones. La muchacha perdió el sentido y se desplomó sobre una muchedumbre de cadáveres.

De regreso a Georgetown la atendieron los cirujanos más sabios: no supieron sanarla. Unas fiebres desconocidas, tal vez engendradas por el terror, la poseían. Se precipitó entonces el juicio y se precipitó el rencor de los jueces: a El Cruel se le condenó a morir troceado lentamente.

En la fecha fijada para la ejecución, la plaza de la ciudad estaba abarrotada. El verdugo trepó al patíbulo a mediodía, mostró a la multitud un cuchillo de filo reluciente y extendió la mano hacia la boca de El Cruel: iba a arrancarle un labio. Lo sujetó entre los dedos y acercó la hoja. Cuando a Aníbal le colgaban ya las babas del miedo, un grito seco detuvo la mano del carnicero encapuchado. La hija del Gobernador, medio desnuda y con el cabello revuelto, miraba hacia el patíbulo desde un balcón. Nadie pudo escucharla, pero movió los labios para decir: «Amo a ese hombre».

La boda se celebró dos días después. El Gobernador Milouet resolvió ejecutar a Perro Negro, el lugarteniente de Aníbal, para propiciar de algún modo el escarmiento que el vulgo exigía. Pero El Cruel no aceptó: si Perro Negro moría, él moriría también. Al cabo, el Gobernador consintió aquella vergüenza, otorgó a su yerno el perdón definitivo y le nombró Marqués de Barcoazul.

Todos los corsarios fueron puestos en libertad. Perro Negro abandonó las mazmorras del palacio junto a los demás, pero rehusó la invitación de Aníbal para compartir con él los lujos de aquella velada. Pidió solamente que le entregaran ropas limpias de navegación, y salió luego a las calles de la ciudad buscando la morada de la mujer a la que veinte años antes había despedido desde el barandal de un barco mercante.

Al verlo, Elizabeth Nelson no lo reconoció. Lo miró asustada, como si temiera un engaño o una injuria, y, por primera vez desde que Hieronymus Phölser la poseyera, rechazó al hombre que la pretendía. Calvin Temper, entonces, sacó de su apretadera un pergamino de fibras descosidas y se lo entregó. «Es la última carta», dijo, «la que nunca te envié». Ella la desdobló cuidadosamente y forzó los ojos para leer aquella caligrafía humedecida. Luego miró a Calvin Temper. Suavemente, dejó que su cuerpo se abrigara entre los brazos de él.

No supo, sin embargo, amarlo. Su gesto, entorpecido por el horror, se detuvo: no aprendía a imaginar la ventura que le aguardaba junto a Calvin Temper, sino la desdicha que se agrandaría si él, desengañado o arrepentido, se marchaba de nuevo. Trató de fingir las palabras, los ademanes y los placeres que él —creía— habría de desear. Inventó, como inventan las rameras, a una mujer de modales cortos y afectados que sólo buscan agradar a quien los paga. No contó nada de los años que había pasado esperando, para no desilusionarle con la estrechez de su vida corta y provinciana. No le besó los ojos ni le abrazó los muslos, para no enojarle con el apremio de su pasión. No se entregó a él, en fin, para no intimidarle con su osadía. Olvidó sus maneras de dama y sus destrezas de amante. Y se mostró, en aquella ceremonia incelebrada, como lo que siempre había sido para Calvin Temper: una mujer ausente y un sueño extraviado.

Calvin Temper, hombre de ferocidad soberbia y de bravura extraordinaria, renombrado por sus gestas valerosas y por su impiedad, autor de muertes y torturas, lloró desolado al abandonar la casa de Elizabeth Nelson. Ella, mirando por la ventana a través de la llama de dos bujías, lo vio marchar. Se durmió pensando que sólo aquello que no habrá nunca de gozarse, aquellos amores improbables que la memoria forja, merecen el afán humano.

En los días siguientes Elizabeth Nelson recorrió toda la ciudad buscando a Calvin Temper para consumar su desventura. Lo persiguió sabiendo que aquella voluntad inútil era únicamente un cumplimiento y una orilla —la última— de su suerte. Le dieron noticias de él en tabernas y en colmados. Le hablaron confusamente de escándalos y de reyertas, de negocios de contrabando, de putas caprichosas.

Lo encontró de noche, en los muelles del puerto, un instante antes de que Hieronymus Phölser lo matara. Escuchó el ruido de una disputa, las voces embriagadas, y corrió hacia allí. Solamente alcanzó a ver la línea de luz de un filo desapareciendo entre la carne de Calvin Temper. Aún tuvo tiempo de sujetar la mano que él le tendía. Luego lo vio morir. «Lo mató», dijo Elizabeth Nelson. «Usted lo mató». Phölser movió la cabeza. «Él te mató a ti antes», dijo. «Toda la ciudad sabe ya que fuiste una mala hembra en su cama. Yo tuve que vengar tu muerte». Elizabeth Nelson no comprendió aquellas palabras hasta que no tuvo la quemazón del cuchillo entre las tripas. Sintió el calor de la sangre de Calvin Temper, pegada a la hoja aún, extraviándose entre su propia sangre: en la agonía encontró sus únicos instantes de quietud.

Esa misma noche, la última que pasó en palacio antes de partir hacia la ciudad que había elegido para retirarse con su esposa, el Marqués de Barcoazul mandó envenenar al Gobernador. Luego, sin aguardar a los funerales, desapareció, satisfecho por fin de haber vengado a su padre muerto. Perro Negro, culpable también del asesinato de una mujer inofensiva y loca, fue acusado de aquel crimen.

Ernst Kloshe

En la vida de Ernst Kloshe —o en la del personaje por él creado— hubo un episodio decisivo. Ocurrió en los urinarios públicos de la estación de ferrocarril de Innsbruck, en la que esperaba junto a su padre la llegada de un tren que les llevara de vuelta a Lucerna. Al ir a lavarse las manos encontró en el lavabo fragmentos de un espejo roto. Abrió el grifo, y el desagüe se tragó una muchedumbre de añicos. Luego descubrió, colgado en la pared por una escarpia herrumbrosa, el trozo de espejo que había sobrevivido: un rectángulo casi sin altura, apenas una gruesa línea horizontal rajada en los bordes. Se lavó las manos y se mojó la cara. Al levantarse y mirar al espejo por primera vez de frente, vio reflejados en él los ojos admirablemente hermosos de un hombre. Asustado, se volvió con rapidez, pero ya no pudo hallar a nadie. Registró las letrinas con cautela: ningún hombre se había escondido en ellas. Por fin volvió al lavabo, miró de nuevo al espejo y se estremeció por el descubrimiento que acababa de hacer: los ojos que había visto reflejados eran sus propios ojos.

A la edad de nueve años Kloshe había enfermado de viruela. Los médicos le trataron tarde y con desgana, y la infección se alargó críticamente. En aquellos meses el muchacho fue descubriendo las semejanzas entre un ser humano y una cebolla: comúnmente se los despoja capa a capa, pero a veces se los trocea sin preámbulos y se los echa en un refrito, en una salsa o en una guarnición. Además de cicatrices hondas, las pústulas y las costras le dejaron en el rostro una expresión de hastío y de desesperanza. Todavía no tenía la edad de sentir amargura: a los nueve años no había vivido aún el tiempo suficiente para soñar quimeras y ver cómo se iban malogrando. Luego creció. Y, observando el gesto de las mujeres que lo miraban, aprendió a contar el número de seres que nunca podría poseer. Creyó que la suma era infinita: siempre había una mujer más, otro rostro pudorosamente horrorizado, otro cuerpo perdido. Más tarde, cuando a los catorce años se enamoró, descubrió una paradoja matemática: en la unidad cabía más dolor que en la pluralidad: la desdicha, como probablemente el amor mismo, era un problema de cálculo infinitesimal.

De este modo, hasta que a los veintidós años entró en los urinarios de la estación de Innsbruck, no había imaginado que en su rostro pudiera haber algo hermoso. A menudo, para exorcizar la vergüenza, lo miraba en el espejo, pero lo veía siempre entero, y los surcos anchos y violáceos, que le culebreaban por las mejillas hasta el cuello y por la frente, desemejaban toda la carne, la penetraban y la retorcían aun más allá de sus propios dominios. Antes de Innsbruck nunca se había mirado fijamente a los ojos. Allí, de pie frente al trozo de espejo, los admiró y pudo imaginar sin estorbos qué clase de rostro merecían. Por encima y por debajo de la franja de su mirada verde, sobre el azulejo gastado, fueron apareciendo una cabellera ondulada y suelta, una nariz de suave curva, unas mejillas mansas, unos labios delgados que se achicaban en las comisuras, un mentón anguloso. Sonrió, y su boca imaginaria se alargó horizontalmente para mostrar los dientes rectos y blancos. Mientras su padre le gritaba que se apresurara para alcanzar el tren, Ernst Kloshe comprendió que también la belleza era un problema de cálculo infinitesimal. Y a resolver ese problema consagró el resto de sus días.

Al morir, diecinueve años después de aquel episodio de Innsbruck, dejó escrito en un grueso cuaderno de tapas negras el relato de su vida. En la primera hoja, en el centro y con letras grandes, escribió su nombre. Luego, a lo largo de casi doscientas páginas, refirió pormenorizadamente, en primera persona, sus reflexiones, sus pesares y sus experimentos de los últimos años. Aunque resulta evidente que la fantasía invade en todo momento la realidad, pretender enajenar a esta narración de su valor autobiográfico sería, a nuestro juicio, una inocente simplificación. La memoria, en algunos individuos —y Kloshe se contó entre ellos—, se confunde con el delirio. Con ello no están, como podría parecer, tergiversando su vida, sino reordenándola más verazmente.

La historia cuenta —o cuenta la leyenda— que en la satánica y ya célebre noche del 15 de junio de 1816, en una villa de los alrededores de Ginebra, acompañada por Byron, por Polidori y por Shelley, Mary Wollstonecraft, tomando como modelos a su propio padre y a sí misma, concibió su Frankenstein. En la madrugada del 16 de octubre de 1965, presa de una poderosa fiebre, Ernst Kloshe concibió el suyo. El modelo, en esta ocasión, era la franja de unos ojos que pocas horas antes había visto reflejados en un espejo roto.

Kloshe permaneció internado tres meses en un hospital de Lucerna. Hasta la quinta semana, cuando la fiebre comenzó a remitir, no supo si Victoria Höll era una figura de sus pesadillas o una mujer real. Desde el territorio fronterizo de la duermevela la sentía moverse a los pies de su cama, charlar con su padre, poner paños mojados en su frente, besar con ternura sus ojos cerrados: debía de haber muerto ya, pues un ángel lo velaba.

Victoria Höll tenía veintisiete años y estaba sola en el mundo. Su marido había muerto tres años antes. Su hija, que había compartido la habitación del hospital con Ernst, acababa de morir. En aquellos días de desvelo común Victoria había entablado amistad con el señor Kloshe y había terminado por cobrarle afecto al muchacho. Prolongó en él los cuidados que a su hija le habían sido vanos. Y cuando la fiebre comenzó a descender y Ernst pudo reconocer los rostros que lo habían estado espiando desde la vigilia durante tanto tiempo, ella imaginó que su hija estaba reencarnándose en otro cuerpo, que regresaba de la muerte y la miraba desde los ojos de aquel muchacho.

Fue el recuerdo de sus ojos en el espejo de Innsbruck, la conciencia por primera vez cierta de que tenía algo que ofrecer a cambio, lo que le dio valor a Ernst para declararle a Victoria Höll, dos días antes de que le dieran el alta en el hospital, su amor por ella. Ella le escuchó con interés, sonrió y dijo que tendría que pensar detenidamente en todo aquello: algunos vestidos de su luto estaban aún sin estrenar. Al día siguiente desapareció de la ciudad.

Kloshe la buscó desesperadamente durante varias semanas. Luego comprendió que no volvería a verla nunca. Al huir de aquel modo, por lo demás, ella había respondido inequívocamente a sus súplicas. Se había marchado en silencio por piedad, para no herirlo. Ernst tuvo que admitir entonces que la belleza ejemplar de sus ojos no bastaba para complacer a una mujer. Rectificó sus teorías: el amor no era un problema de cálculo infinitesimal, sino un asunto mercantil.

El señor Kloshe, que nunca había entendido demasiado bien los padecimientos de su hijo, confundió los síntomas de la tristeza con los de la convalecencia y trató de remediar la frustración de amor de Ernst con vitaminas y píldoras. Pero a pesar de la medicación, Ernst no conseguía olvidar. Una noche se soñó a sí mismo caminando por un espacio oscuro con un estuche en la mano. Quizás había edificios alineados en calles, porque fue en un edificio donde después de mucho tiempo encontró a Victoria Höll. Le dijo algo que no podía recordar y le dio el estuche. Ella lo abrió. Dentro estaban sus ojos.

La vida de Ernst, rancia y negligente, comenzó a escurrirse por el desagüe de un lavabo. Imaginaba vastos paisajes —cordilleras, océanos, llanuras verdes— que no podía mirar sino a través de la estrechez de una tronera. Habría deseado la muerte si hubiera tenido la certidumbre de que al otro lado del Aqueronte iba a quedar aún algún lugar desde donde seguir padeciendo la ausencia de Victoria Höll.

Compró varios espejos, los partió en tiras delgadas y fue colocándolos por toda la casa a la altura justa de sus ojos. A fuerza de no verlo nunca, terminó olvidando el resto de su rostro. Y entonces, cuando no era capaz ya de recordar la forma de las cicatrices, se dispuso a ejecutar el plan que había tramado.

Se encerró día y noche en el pequeño laboratorio de composición y revelado de su padre, quien se ganaba la vida haciendo fotografías en bodas, en bautizos y en banquetes paganos. Cuando lo vio ocuparse con aquel entusiasmo de tareas por las que antes no había sentido ninguna afición, el señor Kloshe creyó que la enfermedad había obrado una mudanza y dejó por fin de obligar al muchacho a tomar medicinas vigorizantes y alimentos sanos para espantar la melancolía.

Lo primero que reconstruyó, la primera gran obra de Ernst Kloshe, fue su propio rostro. Al cabo de un mes de encierro abandonó el laboratorio y empezó a visitar, una por una, con su cámara fotográfica en la mano, todas las casas de prostitución masculina que había en la ciudad. Luego rastreó la prostitución callejera. Recorrió locales nefandos y parques peligrosos. Después de varios meses de trabajo había conseguido reunir setenta y dos retratos, la imagen inmóvil de setenta y dos muchachos cuya vida infame hacía honor probablemente a su belleza. Tardó tres meses más en elegir las partes, dividir geométricamente los gestos, recortar los negativos, acoplar los fragmentos recortados y fijarlos en papel. El rostro que nació de aquella mezcla estaba formado con cinco trozos de muchachos diferentes. Los ojos eran los de Ernst Kloshe.

Fue un fracaso. Cuando sacó de la cubeta de agua la fotografía y prendió la luz blanca para poder examinarla, sintió cómo de un solo golpe se desvanecía el encanto. Cada franja del rostro tenía una piel de color distinto; las líneas que separaban una de otra se distinguían nítidamente, oscuras, casi negras. La mejilla derecha era de carne discontinua: se quebraba a la altura del labio superior formando un escalón ancho. El triángulo de la nariz, por último, se truncaba debajo de los ojos para reaparecer luego más estrecho.

Ernst no se dejó ganar por el abatimiento. Hizo nuevos cálculos, perfeccionó sus instrumentos y sus métodos, y volvió de nuevo a las casas de lenocinio y a los bares clandestinos. Esta vez sólo fotografió a nueve muchachos. Los maquillaba, los ponía bajo una misma luz y en un mismo ángulo respecto a la cámara, y apretaba luego el disparados cinco, diez, hasta veinticuatro veces.

No recortó ya los negativos: preparó unas plantillas de cartulina negra con las que tapaba, en la máquina ampliadora, las partes del rostro desechadas. En el papel sólo iban fijándose, pues, sucesivamente y sin rozarse, los trozos de cada muchacho que Ernst había elegido. El resultado, en este segundo intento, fue prodigioso: el semblante que el papel mostraba debía tener necesariamente existencia propia, y era, como Ernst deseaba, el más hermoso rostro de un hombre que había contemplado jamás. Aquellos labios, por ejemplo, no podrían volver a tener ya prolongación en el mentón que, por error o por desatino, la naturaleza había colocado debajo de ellos en el muchacho a quien pertenecían. Aquellos ojos, los suyos, ya no estarían nunca ensuciados por las cicatrices.

Durante el siguiente año Ernst Kloshe continuó investigando los procedimientos técnicos y ensayando maneras nuevas de mejorar su obra. Llegó a alcanzar una sofisticación y un refinamiento admirables. Experimentó con proyectos cada vez más complejos: por tercera vez volvió a los burdeles y a las calles, eligió a los muchachos más hermosos y los fotografió desnudos. Luego los troceó y reconstruyó con ellos el cuerpo de un único muchacho inmortal, que seguía llevando sus ojos y lo miraba fijamente.

Trabajando con su padre en fiestas y celebraciones, fue ganando el dinero con el que después compraba costosos instrumentos de precisión y materiales diversos. Sin embargo, no pudo emprender su gran creación, la consumación de sus sueños, hasta que el señor Kloshe murió. Ernst, entonces, recogió los aparatos del laboratorio y un puñado de objetos personales y de recuerdos, lo instaló todo en un carromato, vendió la casa y abandonó Lucerna. Su propósito, ahora, era reconstruir el cuerpo de una mujer lo suficientemente hermosa como para hacerle olvidar a Victoria Höll, igual que el cuerpo recompuesto con muchachos le había ayudado a olvidar su propio cuerpo maltratado.

De ciudad en ciudad, Ernst Kloshe aprendió a vivir entre la luz roja de los burdeles y la luz igualmente roja del laboratorio de revelado. Soslayaremos aquí, para reposo del lector, las descripciones minuciosas de lugares y episodios que Kloshe escribió en sus memorias. Una por una, habla de más de cien mujeres: sus rasgos físicos, sus partes más hermosas, y la fecha y la ciudad en que las conoció. De algunas también relata curiosidades, antecedentes y afanes. A la mayoría, sin embargo —pues asegura haber retratado a siete mil mujeres, a lo largo de catorce años—, ni siquiera las nombra.

Un día encontró en Munich, pegado sobre una farola, el cartel de un espectáculo de cabaret. Tenía unas gruesas letras rojas debajo de la fotografía de una mujer. No hizo falta que se acercara para reconocerla: era Victoria Höll. Ahora se llamaba Katharina Lup y había actuado en Munich seis meses antes de que él llegara. Fue al teatro, pero no supieron darle señas ni noticia: había actuado allí nueve noches, había cobrado su porcentaje y se había marchado. Se llamaba Katharina Lup y viajaba solamente con una maleta.

Kloshe fotografiaba, desnudas y en una misma postura, a todas las mujeres que iba encontrando en su camino. Luego revelaba los negativos, sacaba copias en papel y archivaba una de ellas, la mejor. En la caravana quedaba cada vez menos espacio: debajo de la cama, en los armarios del lavabo, en la despensa, y al final en archivadores clavados a la pared, iban almacenándose, con orden y etiquetas, las fotografías y los rollos de película utilizados. Ernst acumulaba el material sin estudiarlo aún: su obra necesitaba más tiempo, más mujeres, mayor belleza de la que por el momento tenía almacenada en la estrechura de su carromato. Se había jurado a sí mismo no someterse apresuradamente a la urgencia de olvidar: su creación debería ser perfecta a irrepetible: sólo estaría acabada cuando fuera inútil seguir buscando, cuando no quedara ya en ninguna mujer hermosura comparable a la que él habría fabricado. Durante mucho tiempo no supo imaginar cuándo llegaría ese momento. Sabía bien, sin embargo, que aquel viaje sin ruta cierta tendría un final. Fue en Amsterdam, catorce años después de haber abandonado Lucerna, donde comprendió que ese final había llegado.

Detuvo la caravana en una llanura desde la que podía verse el mar. Pasó en aquel lugar tres años. Luego, cuando su obra estuvo concluida, la destruyó allí mismo, horrorizado, y retornó a Lucerna. En Lucerna siguió haciendo fotografías de bodas y bautizos y escribió sus memorias. Murió en 1986, un año después de su regreso.

En los tres años que pasó encerrado en la caravana tratando de reconstruir una belleza invulnerable, perdió la apariencia humana. La barba llegó a colgarle hasta las rodillas. El cabello, sucio y enmarañado, lo sostenía atándolo sobre la nuca para poder caminar sin estorbo. Apenas caminaba, sin embargo. Cuando la dueña de una granja próxima comenzó a llevarle los alimentos cocinados hasta el carromato, Ernst se acostumbró a salir solamente para ir a la ciudad a comprar líquidos, bombillas, papel o cartulinas. Más tarde también empezaron a llevárselos allí, aunque ni siquiera los pagaba ya. Los escasos individuos que mantenían contacto con él lo ayudaban por admiración o por pavor: sus ojos desencajados, las venas de su cuello amoratadas y el hedor que despedían la caravana y él mismo únicamente podían tener justificación en una gran empresa, cuyo logro necesitaba probablemente —como necesitan los grandes generales a sus intendentes para ganar las guerras— de aquellos humildes suministros de víveres y materiales.

Comenzó a fabricar el cuerpo con doce franjas horizontales, las mismas que había empleado en Lucerna para el cuerpo masculino. Pero vio pronto que eran insuficientes: encontraba pies delicados unidos a tobillos gruesos, cuellos esbeltos sostenidos por hombros demasiado rectos o vientres que nacían hermosos y se iban luego deteriorando. Las doce franjas aumentaron a quince, luego a veinte, y por último a veintitrés. Después desaparecieron: Ernst descomponía ya los cuerpos a capricho, eligiendo una sola mano, un solo seno, un pasillo vertical del muslo, un dedo solitario. La exposición de negativos fragmentados en la máquina ampliadora se fue convirtiendo en un rompecabezas de piezas minúsculas donde debían vigilarse cuidadosamente las simetrías, los tamaños y las proporciones de los miembros apareados. Ernst Kloshe se dijo a sí mismo, mientras miraba por el ventanuco de la caravana cómo anochecía, que un centímetro cuadrado de piel es apenas la hermosura que los dioses han puesto en cada hombre y en cada mujer: la belleza sin desechos de un cuerpo entero es siempre una ficción que algunos ojos enamorados inventan para justificar su daño.

Tardó dieciocho meses en hacer la primera composición de piezas. Eran ciento setenta y nueve pedazos de carne que encajaban entre sí formando un único cuerpo continuo y menudo. Cada fragmento había sido elegido, después de una minuciosa e irrazonable comparación, de entre siete mil fragmentos semejantes. Kloshe miró una a una las fotografías, las estudió detenidamente y fue desechando miembros partidos, miembros enteros, arcos de piel o cuerpos completos. Cuando concluyó el primer examen aún quedaban trescientos ojos, setecientos cincuenta dedos anulares, más de mil doscientas rodillas de cada pierna. Cada parte tenía centenares de partes idénticas, pero sólo una de ellas debería pertenecer al monstruo de papel que Ernst estaba creando. Tuvo que revisar once veces más las fotografías, seguir desechando y seguir eligiendo.

De cada mujer, Ernst Kloshe había amado algo. Cuando las conocía, al fotografiarlas desnudas o al hacerles el amor después, no sabía decidir qué era: tal vez en algunas la cordialidad, o la desgana, o la manera que tenían de fumar tumbadas; en otras, el desencanto con que se movían o su vileza. Viéndolas retratadas y examinando sus cuerpos, Ernst iba desenredando los sentimientos: amó la tristeza de aquel pezón rugoso, la dulzura de aquella muñeca flaca, la melancolía de aquel pubis o del borde de aquel cuello. En los ciento setenta y nueve fragmentos que eligió al principio había ciento setenta y nueve sentimientos diferentes: las razones por las que había amado a las mujeres a quienes pertenecieron.

Pero se equivocó. Después de reunir el cuerpo completo y de contemplarlo atentamente, descubrió que su belleza era demasiado ordinaria. Sustituyó entonces algunos fragmentos: el resultado fue mejor, pero tampoco era aquello lo que había estado persiguiendo durante tantos años. Volvió a repasar cada una de las partes, a compararlas otra vez con las de otras mujeres, a dividirlas de nuevo, a rebuscar en la memoria gestos o pasiones que le ayudaran a mirar aquellas fotografías con la sabiduría necesaria. Por el ventanuco de la caravana veía sucederse los días y los climas. El mar, a veces agitado, dejaba el ruido justo del tumulto en sus evocaciones.

Kloshe trabajaba sin descanso: nunca recordaba —como se olvidan siempre los acontecimientos remotos— cuántas horas llevaba despierto, sentado ante montones clasificados de retratos o inclinado sobre la mesa ampliadora. Uno tras otro, iban apareciendo cuerpos sumergidos en el agua de la última cubeta. Eran cuerpos hermosos en apariencia: sólo los ojos de Ernst, auxiliados por proyectores y por lupas gigantescas, eran capaces de distinguir el defecto, la fealdad, la tara inaceptable, y de sentir por ellos el mismo desagrado y la misma náusea que otros ojos cualesquiera podrían sentir únicamente ante una giba, ante una cicatriz cortando un pecho, ante un muñón o un ojo vaciado por la metralla.

Mientras esperaba a que las fotografías terminaran de revelarse, se entretenía imaginando los cuerpos que estaban tomando forma y color en las tres capas de emulsiones. Antes de que aparecieran ya sabía exactamente cómo eran. Algunos retratos, incluso, no llegaba a recogerlos de la cubeta: había empezado ya a buscar nuevos fragmentos que corrigieran las deformidades que aún quedaban en aquel monstruo zurcido con luz. Cada vez, sin embargo, estaba más próximo el fin. De muchos trozos no podía ya desconfiar: estaban allí porque había amado a las mujeres a quienes pertenecieron de alguna forma vaga que sólo podía comprenderse admirándolos. A través de ellos, Kloshe iba entendiendo el alma de aquellas mujeres y su propia alma: los escogía por alguna razón —por ciento setenta y nueve o ciento ochenta razones— que se manifestaría en el último retrato.

El 7 de septiembre de 1985 consumó su obra. Cambió dos trozos —el borde de un muslo y el labio superior— y utilizó de nuevo algunos otros que había combinado de distintas formas en ocasiones anteriores. Mientras trataba de reconstruirlo mentalmente, comprendió que ése era el cuerpo que había estado esperando toda su vida. Luego fue a la cubeta y lo recogió. Esa misma noche quemó la caravana y se acercó hasta el mar para bañarse. La mujer que aparecía en la fotografía era, naturalmente, Victoria Höll.

Gilda Lombardo de Miceli

La historia de amor de Gilda Lombardo de Miceli, que transcurrió a contratiempo entre los años 1974 y 1986, en Santiago de Chile, es también un trasunto fotográfico. Germán Miceli, su esposo, fue detenido por fuerzas policiales en septiembre de 1973, pocos días después de la rebelión militar acaudillada por el general Augusto Pinochet. Trabajaba como fotógrafo de prensa. No se le acusó de nada.

Dos semanas después fue detenida Gilda. La trasladaron fuera de la ciudad en un furgón militar y la internaron en una granja habilitada como prisión. Sólo permaneció allí treinta y cuatro días, al cabo de los cuales, sin explicaciones, fue puesta en libertad.

De su esposo no volvió a tener noticia cierta. Recorrió cuarteles y comisarías, se sirvió de averiguaciones reservadas que le proporcionaban periodistas amigos de Germán, interrogó a soldados y a oficiales desafectos, y procuró la intervención de algunos familiares tan lejanos como influyentes: lo único que logró, sin embargo, fue una suma de informaciones contradictorias y una nueva advertencia policial para que abandonara su investigación. El 13 de marzo de 1974, asustada y enferma, dejó de buscar y se hizo la primera fotografía.

Los antepasados del delirio con el que Gilda Lombardo habría de convivir durante más de doce años, hasta el último día de su vida, estaban en la memoria de su primera juventud, en los días aquellos en los que conoció a Germán y se enamoró de él. Había aprendido entonces a exorcizar la muerte: en un viaje que hizo a Valparaíso para visitar a sus padres, Gilda pensó que si el paisaje que miraba por la ventanilla del tren avanzara a igual velocidad y en igual sentido que el propio tren, entonces ella vería durante todo el trayecto el mismo fondo de campos y montañas: estaría tal vez moviéndose, pero no viajando: quizás el paisaje y el tren, juntos, llegaran a algún lugar, pero el tren no llegaría a ningún paisaje diferente, ni el paisaje tendría otro tren atravesándolo.

Del mismo modo, si los ojos que la miraban y aun la mirada misma envejecían frente a su cuerpo, observando cada uno de sus movimientos y de sus reposos, no podrían medir los agrietamientos que se fueran obrando en él ni la descomposición que los consumara: ellos mismos, los ojos, irían agrietándose y consumiéndose con la misma prisa. Gilda, entonces, no envejecería, porque Germán no la vería envejecer: su carne, protegida del paso del tiempo por la fragmentación minúscula del propio tiempo, permanecería ya perpetuamente quieta.

Cuando secuestraron a Germán en septiembre de 1973, sin embargo, sintió un desamparo oscuro. Como Dorian Gray al ser acuchillado el lienzo de su retrato, envejeció brutalmente. Descubrió con asombro que no era ya la misma muchacha que diecinueve años antes había conocido a un hombre, lo había amado y se había resguardado debajo de su mirar continuo y de su vigilancia irrevocable. No sabía explicar cuándo había ido cambiando, cuándo la piel se le había cuarteado o se le habían hinchado las carnes en la cintura: cada instante había sido igual al anterior e igual al siguiente, nada se había mudado.

En un rincón del dormitorio, del lado de la cama que usaba Germán, preparó un estudio fotográfico sencillo: dos focos cruzados, un canapé y la cámara sujeta sobre un trípode. Compró un vestido exclusivo, escotado y sin mangas, y se hizo la primera fotografía con él, sentada en el canapé y mirando a la cámara con una suave expresión de desesperanza. Al día siguiente volvió a retratarse: el mismo vestido, la misma postura, la misma expresión. Ya no dejaría de hacerlo hasta el 16 de julio de 1986, el día en que murió.

Gilda Lombardo pensaba que si Germán regresaba a casa y la miraba de nuevo, reconocería ahora las huellas de un tiempo. Encontraría a una mujer extraña, separada de aquélla que dejó por una sucesión de días y de imágenes que él no había ido aprendiendo y aprobando: Gilda habría envejecido al margen de sus ojos, sin su consentimiento ni su examen. Nunca volvería a amarla, porque no volvería a encontrarla nunca.

Inventó aquel disparate para revocar la Historia. Retratándolos, trató de almacenar los años extraviados o de fulminar sus rastros. Amontonó todas aquellas fotografías para que Germán, al volver, comprobara que cada una de ellas era igual a la anterior y a la siguiente, y aceptara, por tanto, que ella no había envejecido: ella no había vivido aquel tiempo.

Los mil quinientos ocho retratos que se hizo, revelados en tamaño 20×25, fueron encuadernados en ciento doce álbumes. Debajo de cada fotografía, en una tira adhesiva de papel blanco, figuraba la fecha en que fue tomada. El álbum número ciento trece, incompleto, sólo contenía veintiún retratos. El último de ellos estaba fechado el 9 de julio de 1986. Dentro de la cámara, en la película sin revelar, había siete fotografías más.

Fabien Latreille

El viernes 11 de febrero de 1969, a primera hora de la mañana, Ludovic Benassar acompañó a su amante, Arthur Gridoux, a la estación parisiense de Austerlitz, donde debía tomar un tren con destino a Estrasburgo. En ese mismo tren, que finalizaba su recorrido en Viena, viajaba Édouard Dufois, un joven ejecutivo de porvenir brillante. Cécile Dufois, su esposa, había acudido a despedirle. En el andén, cuando el tren ya había partido, tropezó con Benassar y se extravió contemplando su belleza suavemente sombría y descuidada. Quebrantando sus prejuicios, se atrevió a invitarle a desayunar en la cafetería de la estación. Él aceptó por cortesía. Seis días después, poco antes de la medianoche del jueves 17 la mató.

La historia, razonablemente absurda, no debe ser juzgada sin embargo como singular. Si no banales, los hechos y las pasiones que se representan en ella son demasiado comunes para autorizarnos a hacerlo. Cécile Dufois, que en el primer momento sólo concibió el asunto como si se tratara de una infidelidad planeada, de dimensiones triviales, acabó perdiendo la cabeza y el corazón —y más tarde la vida— para procurarle un desenlace feliz. La belleza de Benassar, merecidamente elogiada, no era justificación sensata del destino, pero era inalcanzable, lo que sin duda terminó de alimentar el borroso amor al que servía. La quimera de aquel empeño, más que su grandeza, fue lo que empujó a Cécile Dufois a propiciar su propia muerte.

El comportamiento criminal del muchacho, por otra parte, debe imputarse a las circunstancias coincidentes más justamente que a una enfermiza propensión natural. La repugnancia animada por un trato sexual que no era capaz de satisfacer, la sensación de angustia espacial que se concluía del hostigamiento al que se le sometió, y el alcohol fueron fatales. Golpeó a Cécile Dufois en el cráneo sin tener conciencia real de que lo hacía. Ningún tribunal lo habría inculpado.

No es tampoco singular la peripecia interior de un individuo que involuntariamente —aunque de forma ya definitiva— muda su identidad insubstancial por la de un asesino. La descripción pormenorizada de las zozobras de ánimo, de los remordimientos y de las porfías morales no sirve ya, desde que Dostoievski escribió, sino para envilecer al cronista y agraviar al lector. Ludovic Benassar sobrellevó su culpa como si se tratara de una revelación: aprendió a distinguir existencias oscuras, contiguas a las que él había imaginado como las únicas posibles, y a ocuparlas con una inevitable naturalidad. Dejó de ver a sus amigos, abandonó a Arthur Gridoux y se entregó dócilmente a todas las formas de la abyección que supo inventar.

Comenzó a frecuentar los urinarios de la Gare de l'Est, y se hizo pronto famoso entre los viejos maricas de ojos depravados y sexo ennegrecido que pululaban diariamente por allí en busca de un cuerpo propicio. Se ofrecía a ellos sin exigencias, perezosamente: apenas respondía a sus ademanes obscenos con una mueca despreocupada; luego entraba en una letrina, dejaba la puerta entreabierta y comenzaba a desabotonarse el pantalón. Consentía que le manosearan violentamente mientras se esforzaba por sujetar el asco, por detenerlo en un espacio exacto de su garganta y darle un volumen y unas dimensiones. Lo único que llegó a comprender, andando el tiempo, es que aquel comportamiento era el único que volvía razonable su soledad y la justificaba ante sus propios ojos. No pretendía expiar su delito, sino hacerlo coherente con el resto de su vida.

Benassar vivió en aquellos territorios subterráneos más de dos años. Colmó de abnegación y de filigrana su infecundidad: la hizo invulnerable. Luego, como en una alegoría, viajó al norte de África y atravesó el desierto. No aprendió nada ni nada se le manifestó, pero a su regreso se le había purificado la memoria. A Fabien Latreille le dijo, meses más tarde: «Vi que el desierto tenía la misma apariencia que el mar, y que se podía caminar sobre él». Poco a poco fue reconociendo los lugares y las costumbres de antes. No olvidó el cráneo abierto de Cécile Dufois ni la espesura de su sangre encharcándole la ropa, pero a partir de entonces sólo se sirvió de ellos para darle forma a sus pesadillas.

El hombre que lo exculpó definitivamente de las tinieblas se llamaba Fabien Latreille y tenía treinta y dos años. Lo conoció en un bar de homosexuales del bajo Pigalle. Cuando lo vio, entre una muchedumbre de mujeronas atusadas y ruidosas, estaba solo. Lo miraba a él, a Benassar, quietamente: sólo se movía para abrirle un hueco entre los labios al cigarrillo y para soplar después el humo hacia adelante. No sonrió ni torció la cabeza señalando un rincón vacío, pero Benassar comprendió que aquella inmovilidad soberbia era también un modo de ternura.

Esa noche no soñó con Cécile Dufois, sino con la figura de humo azulado de un tipo que lo espiaba desde el otro extremo de un mostrador. Al despertar sintió miedo. Agazapado entre la ropa y mirando con ojos asustados el color de la ventana, permaneció en la cama hasta la medianoche. Luego se duchó, se puso perfume por todo el cuerpo, se vistió su mejor ropa y tomó un taxi para volver al bar. Fabien Latreille también había vuelto.

Pasaron juntos casi seis horas. Al separarse estaba amaneciendo en París y comenzaban a abrir los cafés y los quioscos de periódicos. Benassar trató de llevarlo a su apartamento, pero no lo logró. Ni siquiera pudo besarle. Lo dejó marchar sin haber conseguido un número de teléfono o la promesa de una nueva cita. Se sentó en un bulevar y cerró los ojos para sujetar la tristeza.

Pero Latreille regresó al bar noche tras noche. Benassar le convidaba a una copa y luego lo sacaba de allí. Iban a beber a locales siniestros y paseaban circularmente por barrios despoblados. Desde la segunda noche, hablaron poco. Latreille parecía meditar continuamente, y Benassar se conformaba con observar cómo se movía o cómo permanecía quieto, cómo levantaba el vaso y bebía sin desarreglar los músculos. De madrugada ya, le invitaba a dormir en su apartamento. Latreille decía siempre que no. Se despedían en cualquier lugar.

Iluminado probablemente por las candilejas del amor, Benassar acabó entendiendo que aquel apartamiento de Latreille no era un asunto de temperamento, sino de pasiones maltratadas. En su expresión de aparente neutralidad, como en la del propio Benassar en los tiempos en que frecuentaba los urinarios de la Gare de l'Est, había una obstinación provocadora que denunciaba la desventura sin fondo, el poderío malogrado, el desorden solo. La memoria —allá donde anduviera— había convertido su rostro en un desperdicio de alfarería. Ludovic Benassar, en una liturgia pagana a la que le convocó la carne, juró quemar las naves de Latreille. Latreille, después de todo, había quemado sus propias naves: el cadáver desfigurado de Cécile Dufois. Cuando por la noche le invitara a acompañarlo a su apartamento y él se negara, insistiría.

Si era preciso, utilizaría la fuerza. Aquella noche, sin embargo, Fabien Latreille aceptó la invitación.

Ludovic Benassar dijo: «Me gustaría saber en qué piensas durante todo el tiempo que pasamos juntos». Latreille se sentó en el borde de la cama. Dijo: «Recuerdo a alguien». Luego estuvieron mucho tiempo sin hablar. Benassar se movió suavemente y se sentó junto a él. Le apartó el abrigo de los hombros. Latreille dijo: «Recuerdo a alguien». Después le contó una historia antigua, la historia de sus naves: había amado, lo habían amado, y más tarde había terminado todo. Hacía ya mucho tiempo de aquello, pero aún seguía recordándolo. Benassar se inclinó para besarle y dijo: «Yo puedo ayudarte a olvidar». Lo besó. Latreille se revolvió sobre su abrazo y extendió una mano para desunir los cuerpos. Benassar pensó que le buscaba la carne debajo de la ropa. Al tratar de ayudarle encontró los dedos metálicos: sujetaba una pistola. Se rastrearon los ojos en medio de la oscuridad. Latreille dijo: «Me llamo Édouard Dufois, y sólo tú puedes ayudarme a olvidar». Fugazmente, la memoria de Ludovic Benassar se llenó de cráneos fracturados. No supo adivinar si su horror tenía el gesto de la muerte o el del amor imposible, aunque probablemente ambos gestos fueran iguales. «¿Por qué no has venido a limpiar tu sangre mucho antes?», preguntó. El esqueleto de labios de Dufois trató de sonreír. «Porque necesitaba que me amaras tanto como amaba yo a Cécile», dijo. «Para poder quitarte lo mismo que me quitaste tú». Luego levantó la pistola, mordió el cañón y se disparó en el paladar. Su cuerpo golpeó el aire y cayó de bruces sobre Ludovic Benassar, como si intentara besarlo.

Zelia Monteiro

Aunque la industria cinematográfica ha sido comúnmente indulgente con la desdicha humana, procurando a sus héroes glorias y venturas tan envidiables como quiméricas, no son pocas las películas que relatan la historia de amores imposibles. Con mejor o peor fortuna, actrices y actores de todas las épocas fijaron en su rostro de blanco y negro, de color o de technicolor el fingimiento de la pesadumbre, el desencuentro inconjurable y el extravío. La legendaria generosidad de Bogart despidiendo a la Bergman en el aeropuerto de Casablanca, la muerte absurda y dócil de Marlon Brando en un balcón de París, la memoria dolorosa que alimenta el reencuentro de Warren Beatty y Nathalie Wood, y la hermosa mentira que Sterling Hayden le pide a Joan Crawford para ahuyentar la insuficiencia de su propia vida son ya lugares comunes de la tristeza.

Pero probablemente la expresión más conmovedora y más entristecida que una cámara de cine haya filmado jamás no sea la de una criatura humana, sino la de un gorila gigantesco que antes de morir, con su último resuello, abandona cuidadosamente a la mujer que ama sobre la azotea del

Empire State Building. Las técnicas de trucaje de 1933 hicieron tal vez imposible la realización de un monstruo con menos cartón en la carne, más flexible de movimientos y más adaptado, en fin, a los escenarios transparentes sobre los que actuaba, pero no fueron obstáculo para crear la mirada más afligida y más desamparada de la historia del cine. Los ojos de King–Kong, fabricados quizá con materiales plásticos, mostraron mejor que los de Bogart, los de Brando, los de Warren Beatty y los de Hayden, el horror irrazonable del amor humano. El horror que sólo una bestia puede sentir al contemplar a quien desea.

Joaquim de Melo, la Bella de esta historia, nació en Alcácer do Sal, a pocos kilómetros de la Bahía de Setúbal, el 2 de mayo de 1942. Su padre, jornalero en los cultivos de arroz de la provincia, engendró cuatro hijos que no llegaron a nacer, doce que murieron antes de cumplir un año de vida, y dos, por fin, que sobrevivieron a la enfermedad y a la pobreza. Antonio Camilo, el primogénito, ingresó en el ejército en cuanto tuvo la edad de hacerlo. Dos años antes de que las tropas coloniales portuguesas se retiraran, murió en Mozambique a causa de unas fiebres infecciosas. Joaquim, más delicado de cuerpo y de espíritu más exquisito, entregó su vida desde los primeros años al ejercicio de las letras. En Alcácer do Sal, como Emma Bovary en Yonville, conoció la indigencia de las almas humildes y aprendió a imaginar el mundo mucho más grande de lo que en realidad era. Lo alivió de aquella estrechura asfixiante la decisión de su familia de trasladarse a Barreiro, un arrabal industrial de Lisboa situado en la orilla sur del Tajo, al otro lado del estuario. Allí, durante algunos meses, trabajó con su padre en la construcción naval. Luego, aprovechando un período de prosperidad nunca antes conocido por los De Melo, anunció su deseo de ir a la escuela y más tarde a la universidad. Sus padres quedaron admirados por una revelación que ni siquiera sospechaban. Deliberaron durante siete días, y al cabo, vencidos por el orgullo de poder procurar a su hijo una vida de privilegios y de fastos, aceptaron. Tres semanas después se mudaban a la otra orilla, a las calles encaladas y sucias del Alfama.

Zelia Monteiro, la Bestia, había nacido en esas mismas calles un año más tarde que Joaquim. Durante toda su infancia, sin pausa, peleó con la muerte, a la que al final, y siempre provisionalmente, acabó venciendo. Ya en el parto estuvo a punto de morir: cuatro vértebras curvadas le aplastaban un pulmón y estorbaban la circulación de la sangre, que iba coagulándosele en las venas mientras los médicos trataban de encontrar alguna forma de reparar aquellos desperfectos de la naturaleza. La salvaron, probablemente, una operación afortunada y la fe de su padre, que en esos días llegó a inventarse vírgenes para tener siempre a quién rezarle. La curación del mal, no obstante, originó otro mal distinto en el cuerpo quebradizo y anémico de Zelia. Así pasaron quince años: el remedio de una dolencia era el principio de otra nueva. Al final, milagrosamente, los médicos supieron detener el chorro de la enfermedad. En el cuerpo de la muchacha, sin embargo, quedaba un rastro de pieles remendadas, de órganos inservibles y de volúmenes deformes.

A falta de maestros mejores, el sufrimiento se encargó de educar su sensibilidad. Gastó los largos períodos de postración leyendo los libros de la biblioteca de su padre y soñando vidas que nunca podría vivir. Se fue convirtiendo, ayudada por su propia melancolía, en una heroína romántica incapaz de imaginar otra forma de sabiduría distinta del padecimiento, que a ella se le había ido quedando definitivamente marcado en la blandura de los movimientos y en la piel delgada, a través de la cual se distinguían las siluetas de músculos y de tendones. No tuvo, hasta los dieciséis años, más trato humano que el de sus padres y el de los doctores que la atendían. A esa edad comenzó a ir a la escuela. Aprendió a disfrazar la fealdad detrás de vestidos elegantes, a caminar con disimulo y a sonreír apartadamente. Pero, a pesar de todo, el mundo siguió reconociéndola. Los muchachos, no obstante, se portaban bien con ella: no hubo burlas ni crueldad, sino un distante afecto que se parecía demasiado a la misericordia. Se creían bondadosos fingiendo que no veían sus llagas cicatrizadas, su cabello devorado, su joroba. Zelia se fue apartando calladamente: aquella mal simulada ignorancia hacía crecer en su imaginación el tamaño de la deformidad y revestía poco a poco su soledad de una pasión nueva: el resentimiento.

Un día de noviembre llegó a la escuela Joaquim de Melo. Zelia, cada vez más encerrada en su amargura, no lo distinguió de los otros muchachos. Pero al cuarto día, en una pausa de las clases, él se acercó para saludarla: «Me llamo Joaquim», dijo. A Zelia le gustó su sonrisa —«llena de pájaros sin nombre», diría después en un poema que escribió para él—, pero no la correspondió. Abrió un libro que llevaba y se puso a leer, esperando a que él se diera la vuelta y se marchara. Joaquim tuvo entonces la ternura de ser brutal: «¿Qué le pasó a tu cuerpo?», preguntó. «¿Tuviste un accidente cuando niña?». Zelia levantó los ojos sin poder creer. Luego alargó los huesos de la mano y dijo: «Yo soy Zelia». Y sonrió.

La amistad de Zelia Monteiro y de Joaquim de Melo, imaginada por ellos mismos como una historia de espíritus hermanos que la Providencia había juntado para hacerles cumplir extraordinarios mandamientos, tuvo su paisaje en el mar de Lisboa, en la muerte magnífica del río, en las grúas oxidadas del puerto, en el humo de los barcos que zarpaban de amanecida hacia continentes fabulosos, en lo más azul del lomo azul del agua. Allí planearon vidas prodigiosas. Buscaron en el horizonte, como se busca siempre detrás del mar, las ciudades apartadas que habrían de estar a lo lejos, escondidas de los sueños solamente por la circunferencia de la Tierra. «El horizonte es circular», decía Joaquim. «Sea cual sea la dirección que tome el viaje, el mundo se acabará a la misma distancia. Los radios que unen una circunferencia con su centro son siempre idénticos».

Zelia conoció, en los ojos inacabablemente entrecerrados de él y en la quietud benéfica con que sus manos le rodeaban la espalda o le recorrían las llagas, los tumultos del amor. No sólo su alma semejante, sino también —y probablemente con más ganas— su cuerpo monstruoso se acostumbró a desearlo, a usurpar el rostro y las posturas de Joaquim para disculpar su propia sinrazón, aquel dolor sin apariencia cierta. Lloraba a veces, secretamente, cuando él bajaba a la playa y se descalzaba para pisar la arena: lo imaginaba entonces desnudo, tumbado junto a ella en cualquier parte, despeinado por el mismo viento del oeste. Luego se asustaba de aquella súbita carnalidad infame de sus sentimientos. Se avergonzaba de buscar el cuerpo de Joaquim debajo de la ropa y de espiarlo cuando se ponía el calzón de baño entre unos matorrales. Caminaba siempre detrás de él: como todos los amantes silenciosos, como todos los oscuros, se aprendió antes los paisajes de su nuca, de su espalda y del dorso de sus muslos, los únicos territorios que podía contemplar sin ser advertida.

Al terminar el curso, mientras Joaquim comenzaba a trabajar de nuevo en los astilleros junto a su padre, Zelia marchó con su familia a pasar el verano en una aldea de la Beira Alta, donde la tristeza de la lejanía le inspiró los primeros poemas de amor que habría de escribir. Durante los primeros días, de paciente desasosiego, trató de reordenar el mundo perfecto e infranqueable que había inventado antes de conocer a Joaquim. Sólo logró, sin embargo, una reconstrucción de las pasiones que no bastaba para calmarlas. Después se abandonó y decidió esperar. Pero no tuvo la entereza necesaria. En la mitad de agosto, atormentada por un amor inabarcable, fingió una recaída escandalosa de su enfermedad. La trasladaron apresuradamente a Lisboa, donde los doctores, inseguros de su ciencia, aconsejaron a la familia que no volviera a alejarla de la capital durante períodos largos, ya que, aunque nada irregular podía encontrarse en su organismo, era probable que los cambios prolongados del entorno lo afectaran nocivamente.

Al salir del hospital, recobrada ya de sus padecimientos, corrió a buscar a Joaquim. Lo encontró cuando anochecía, inclinado sobre un libro junto a la última boqueada del Tajo. Se detuvo para mirarlo: sintió cómo la espina dorsal se le enderezaba, cómo se le igualaban las piernas, cómo el pulmón inservible respiraba de nuevo aquel olor acibarado de la marea. Con la espalda erguida y sin cojear ya, se acercó a él. Le hundió los dedos en el pelo y dijo: «No podrás leer con esta luz». Él volvió el rostro y sonrió con pájaros: «No importa la luz, el libro está escrito en inglés», y se lo mostró. «¿Aprendiste el inglés en este tiempo?», preguntó Zelia. «Me lo ha regalado un marinero que llegó esta mañana en un buque francés. Lo escribió un americano», dijo Joaquim. Y añadió, tratando de rebasar el horizonte con los ojos entrecerrados: «En una buhardilla de París».

En mercados clandestinos o en el puerto, al pie de las escalerillas de desembarco, Joaquim comenzó a comprar libros escritos en idiomas que no sabía leer. Hablaban de París o habían sido imaginados allí. Cada tarde con Zelia, o luego en su casa a solas, intentaba entender aquellas historias de amor y de miseria, pero nunca llegó a descifrarlas. Se aprendía los nombres de los personajes, las calles, los barrios, los cafés adonde acudían los artistas para hablar de grandes cosas. Él inventaba el resto: hacía que se amaran unos a otros, que se conocieran en aquellos jardines, que se separaran y volvieran a juntarse en un mismo bulevar. Creyendo todavía que sus sueños eran singulares —sueños guardados para criaturas elegidas cuyo porvenir no estaba aún trazado—, Joaquim decidió morir en París. A Zelia le anunció aquellos planes con una expresión de confidencia grave, como si la existencia entera se reuniera en ellos. Quería huir a París, pasar hambre como los hombres célebres y escribir libros. Zelia, que también pensaba que todo aquello era nuevo en el mundo, que lo estaba creando Joaquim, lo amó más y dijo: «Aunque las escribas desde París, nadie leerá historias de portugueses». Él se rió, y por primera vez, al besarla, le rozó los labios con los suyos.

En los dos años siguientes, sin embargo, Joaquim no viajó a París. Escribió algunos libros grandilocuentes y pasó hambre durante el invierno en que despidieron a su padre de los astilleros, pero aquello no bastó para distraer sus sueños. No cabía engaño: el hambre de París, sin duda, debía de ser un hambre de mejor provecho.

Zelia, por su parte, renunció al olvido, en el que tanto había llegado a confiar durante algún tiempo. A veces, cuando se paraba a recordar su amor de los primeros meses, lo encontraba menguado y flaco, irreconocible en los sentimientos de ahora. Se había acostumbrado a convivir con Joaquim como se convive con la muerte: el espanto y la fatalidad al mismo tiempo, el dolor al que no se prestan cuidados porque de todas formas es ya inevitable.

Compró su primera caja de cosméticos. Luego compró la segunda y la tercera. Más tarde, por fin, dejó de creer en los prodigios. Llegó incluso a escribir, en alguna de las cartas que nunca enviaba: «A veces, cuando imagino que me haces el amor, siento asco. He tratado de explicar por qué, y creo que al final lo he logrado. Lo que deseo no es, como pensé tantas veces, tumbarme desnuda a tu lado y desnudarte. No he deseado el placer —o la lujuria— de tu cuerpo en mi cuerpo, sino el de dos cuerpos igualmente hermosos, uno de los cuales, por necesidad, fuera mío, siendo el otro, por profesión de fe, el tuyo. Pero son las servidumbres de la imaginación: no somos capaces de imaginar únicamente aquello que admiramos, sino que nos imaginamos también a nosotros mismos a su lado, manoseándolo, y sentimos repugnancia al vernos ahí, actuando en un sueño para el que somos vergonzosamente indignos. No tenemos con qué pagar lo que cogemos, y nos sentimos —más que amantes— delincuentes que roban sin prudencia».

El incidente de Zelia con Fidelino Coimado, del que Joaquim no llegó nunca a conocer toda la verdad, tuvo un prolongado renombre. Una tarde, al salir de la escuela, el muchacho hizo un comentario airado acerca de Joaquim, que desde hacía varios días guardaba cama. No se llegó a saber jamás con exactitud qué dijo: quienes le acompañaban aseguraron que Fidelino sólo se había referido inocentemente a la ausencia del enfermo; Zelia, que caminaba detrás de ellos y que dijo haberlo escuchado todo, aseguró por su parte que lo habían calumniado. El hecho cierto es que ella apretó el paso, rebasó a Fidelino, se detuvo delante de él, y, después de derribarlo de un empujón, se dejó caer sobre su vientre y comenzó a golpearle furiosamente en el rostro y en el pecho. El muchacho trató de apartarla sin violencia, pero ella se agarró a su pelo y le pataleó luego los testículos. Fidelino, entonces, la sujetó rabiosamente por el cuello y la aplastó contra el suelo. Ella, tumbada sobre su joroba, gritó insultos y amenazas mientras intentaba deshacerse del anillo de dedos que la estrangulaban. Al cabo, viendo marcados en la camiseta del muchacho unos músculos rígidos que no podría doblegar con los suyos, cogió un adoquín desprendido del empedrado de la calle y le golpeó con él en la cabeza hasta que perdió el conocimiento y se desplomó. Fidelino no murió, sin embargo, a causa de la fractura de cráneo, sino como consecuencia ya irremediable de un cáncer cerebral que le descubrieron al operar.

Fue aquella la única ocasión en que Zelia dio prueba pública de sus sentimientos. Antes y después del episodio de Fidelino, a lo largo de trece años y dos meses, supo sujetar mejor sus nervios y se conformó con la compañía cada vez más escasa de Joaquim y con las colecciones de objetos personales suyos que robaba o que recogía de entre sus desechos. Llegó a almacenar, en una caja de cartón cuyo tamaño multiplicaba el tiempo, cerca de un millar de objetos —algunos de ellos absurdos— que de modo distinto y por distintas razones hablaban de Joaquim: regalos suyos, fotografías que se hicieron juntos, periódicos en los que él había leído alguna noticia importante, conchas de mar, planillas caligráficas de la escuela, un par de libros escritos en francés, un mapa de Europa, y más de una docena de algodones resecos que Joaquim había usado, empapándolos en alcohol, para cortar sus hemorragias de nariz. Todo esto era, como ella misma decía, desperdicios de su amor, excrementos que había ido conservando para recordar mejor el cuerpo que los produjo.

Al terminar la escuela Joaquim comenzó a trabajar a destajo en los astilleros. No fue nunca a la Universidad. En 1968, cuando murió su padre, se mudó con su madre a un cuarto más modesto. Conoció a mujeres y tuvo novias a las que recogía cada tarde para salir a pasear, pero no llegó a casarse con ninguna de ellas: ninguna de ellas —le explicaba a Zelia, a quien continuaba viendo de vez en cuando— había sabido comprender su alma: eran muchachas llenas de ambiciones miserables; sólo la propia Zelia —decía Joaquim— había mirado el mar como lo miraba él. Ella sabía lo que aquello quería decir: si su cuerpo no hubiera sido monstruoso, si su piel hubiera tenido la misma suavidad recta que la de aquellas muchachas provincianas, él la habría amado.

Un día de 1969 Zelia fue al puerto cuando anochecía, buscó a un rufián apuesto y aseado, y le pagó para que le hiciera el amor. Aquella noche gozó por primera vez de los placeres de la carne. Desde entonces, cada semana acudía a los muelles puntualmente y escogía a sus amantes, degenerados hasta el extremo de tolerar la inmundicia de su cuerpo a cambio de unas monedas. Ella se esforzaba en resultar repulsiva: cuanto mayor degradación ponía en aquellas visitas nocturnas, cuanto mayor era la vileza, más dulzura hallaba luego en la memoria recobrada, en el recuento de los objetos de su caja de cartón, en los sueños perdidos y olvidados.

Al morir su padre, en julio de 1972, Zelia descubrió la soledad más cierta, la rutina de un tiempo que se sucedía a sí mismo sin acabamiento. Trató de reconocer, a través de la contemplación de sus recuerdos, las formas más o menos precisas del porvenir, pero lo único que halló fue un espejo que duplicaba las imágenes con perfecta simetría, en la misma dirección pero con sentido inverso: su existencia era capicúa.

Había guardado durante trece años un secreto que ahora, súbitamente, le parecía estéril y le aplastaba el corazón como las vértebras torcidas le habían aplastado los pulmones al nacer. La carne se le llenó de cansancio y de desgana, y empezó a confundir el dolor, capicúa o no, simétrico o sin formas, con aquel silencio que había ido renovando, uno tras otro, durante trece años, durante ciento cincuenta y seis meses, durante más de cuatro mil setecientos cuarenta y ocho días: aquel amor para cuyo tamaño no encontraba voluntad suficiente, y que bien podía ser el nombre del espanto.

Algunas tardes del invierno siguiente salió con Joaquim a pasear por Lisboa. Tomaban un refresco en algún café y conversaban del precio de los alimentos, de viejos compañeros, de comportamientos políticos o de los barrios nuevos que estaban construyendo en los arrabales de la ciudad. Nunca volvieron al mar ni hablaron más de los afanes pasados: probablemente se avergonzaban de tener, uno en el otro, a un testigo de su soberbia antigua y de tantos desafíos incumplidos.

En las pausas cada vez más extendidas de aquellas conversaciones, Zelia comenzó a sentir, cita tras cita con mayor certidumbre, la gratitud tibia de la confesión. Estuvo a punto muchas veces de interrumpir el silencio para decirle: «Te quiero. Te he querido durante todo este tiempo». Pero antes de atreverse, antes de mover definitivamente los labios, ya adiestrados en privado, miraba siempre al exterior del café o a las mesas del alrededor y encontraba un paisaje indecoroso y escaso que no bastaba: ninguna ceremonia humana —pensaba— debe ser indigna de su sacrificio, de la inmolación por la que se representa. Y entendió así, en alguna de esas tardes en las que paseaba con Joaquim por una Lisboa de color de lluvia, que hacía mucho tiempo que aquella ciudad se le había quedado pequeña a su amor, que sólo en París podría hablarle ya de asuntos tan graves.

Tardó más de un año en ahorrar el dinero necesario para el viaje. Redujo sus gastos a los niveles de la supervivencia (santificando incluso horas y días de estricto ayuno) y aceptó empleos ocasionales, desagradables y mal pagados, que le proporcionaban algún dinero extraordinario con el que acortar la interminable lejanía de París. En aquellos meses olvidó su propia indigencia: encontraba en cada diálogo concebido, en cada nueva maquinación o en cada billete de cien escudos recién ganado, un ánimo impetuoso, casi animal, que a veces le hacía llorar de fatiga. Preparó aquella noche de París como si fuera su única noche, como si no hubieran existido hasta entonces ni fueran a existir después más restaurantes ni más venturas, como si el dominio de la ciudad del hambre —un punto de su vida que ni siquiera había sido dibujado aún— administrara sin reserva, igual que en tiempos mejores, sus desvelos y sus penurias, su salud y su enfermedad, su ser y su inexistencia. Detrás de París probablemente estuviera la muerte, el abandono, la deriva de una memoria ya clausurada; pero Zelia, que a veces pensaba en ello, había creído siempre en la reencarnación de los cuerpos y las almas: el amor —decía— no es el amor, sino un exorcismo.

El último día de febrero de 1974 dio por concluido el empeño y fijó la fecha definitiva del viaje: el 19 de marzo, a las 19:40, saldrían del aeropuerto de Lisboa a bordo de un avión francés que aterrizaría en París a las 22:05; tomarían un taxi que les llevaría hasta *La Côte d'Or*, un lujoso restaurante de Montparnasse en el que Zelia había reservado una mesa para dos personas: allí, durante dos o tres horas, sabiéndose absuelta de su culpa por la ciudad, le habaría de su amor; luego tomarían otro taxi hasta algún local de jazz de la colina de Montmartre o pasearían por los muelles del Sena; en un hotel modesto tenían reservadas dos habitaciones para dormir unas horas antes de embarcarse, a las 8:12 de la mañana siguiente, en el avión que les llevaría de vuelta a Lisboa. Zelia despediría a Joaquim en el aeropuerto para siempre. Luego marcharía apresuradamente a su casa —ya vendida desde hacía dos meses a un industrial peruano con intereses en Portugal—, recogería la maleta y, esa misma tarde, después de comer algo en la estación, cogería el tren que habría de llevarla a la aldea de la Beira Alta donde años atrás había escrito sus primeros poemas de amor. Allí, escondida de Joaquim, a salvo de su misericordia, esperaría la muerte.

La muerte, sin embargo, le llegó antes: el 19 de marzo de 1974, a las 20:48 horas, el avión de Air France en el que viajaban cayó al mar, a la altura de Burdeos, con ciento sesenta y tres pasajeros a bordo. No hubo supervivientes. Las fuerzas de socorro sólo pudieron rescatar de las aguas noventa cadáveres, ninguno de los cuales había pertenecido antes a Zelia Monteiro o a Joaquim de Melo.

Angelina Ricordi

Angelina Ricordi fue engendrada en el barco en que sus padres, emigrantes italianos que huían de la miseria de Nápoles, viajaron a Buenos Aires. Este origen desarraigado e incierto, que tantas veces le habrían de recordar durante su infancia, le sirvió más tarde a Angelina para explicar razonablemente la naturaleza inconstante de su existencia. En una de las cartas que le escribió mucho tiempo después a Roberto Paniagua decía: «Si alguna vez miraste vigilantemente el mar, me miraste entonces».

Tres semanas después de haber desembarcado, el padre de Angelina, Giovanni Ricordi, consiguió emplearse en una fábrica de cartones para embalaje en la que ganaba lo suficiente para alimentar a su mujer y pagar el alquiler de un cuarto amplio y soleado en uno de los suburbios de Buenos Aires, el cuarto donde el 19 de marzo de 1934, a las siete y veintidós minutos de la tarde, nació Angelina.

Entre 1934 y 1941, Rosario Santamaría, una viuda anciana y sin familia que vivía en el cuarto vecino, se ocupó de cuidar y educar a la niña con más dedicación que su propia madre, quien desde el alba hasta el anochecer, sin pausa, trabajaba limpiando oficinas y vestíbulos en el centro de la ciudad. A los ocho años Angelina comenzó a ir a una escuela de la Beneficencia en la que aprendió a leer y a escribir, y en la que conoció definitivamente los desórdenes del mundo. Terminó de crecer, a una edad demasiado temprana, en un paisaje de tugurios insanos y de calles despobladas.

La señora Ricordi murió de una neumonía violenta cuando Angelina, que no encontró recuerdos suficientes para llorar su ausencia, contaba diecisiete años. Al entierro sólo asistieron su esposo y Rosario Santamaría, quien, viendo en cada muerte ajena un presentimiento de la suya propia, sufrió una pena extravagante y afectada que habría de ir devorándole poco a poco la salud.

En aquel tiempo Angelina ocupaba la mayor parte del día en pasear sola por las calles de Buenos Aires soñando porvenires fabulosos. Recorría escaparates opulentos, bebía una gaseosa en tabernas frecuentadas por los obreros de las fábricas, y a veces, cuando conseguía unas sobras de dinero, entraba en un cinematógrafo del centro a ver un programa doble. Luego, a eso de las ocho, se encontraba con Laura Pelayo, su única amiga, para ir con ella al baile que todas las noches organizaban unos muchachos en un garaje vacío de la barriada.

Por aquellas fechas era ya célebre la belleza singular de Angelina. Había permanentemente a su alrededor una corte de galanes que trataban de seducirla con lisonjas y regalos. Incluso un millonario —eso debía de ser, necesariamente, quien acudía al barrio conduciendo un automóvil y vistiendo un traje de paño recién planchado—, del que en la vecindad sólo se sabía que se llamaba Ricardo, la cortejaba con desvergüenza y le enviaba bombones y flores a casa.

Angelina, sin embargo, nunca gastó sus atenciones ni su ingenio con ninguno de aquellos mozos apuestos que pasaban las noches suspirando por ella y escribiéndole encendidas cartas de amor que después no se atrevían a enviarle. Torció el corazón de tantos hombres, sin torcer a la vez el suyo por ninguno de ellos, que la maledicencia del barrio fue acabando poco a poco con su virtud y con su honra.

En abril o en mayo de 1953 —no pudo recordar después la fecha exacta, aunque recordó que era sábado y que Rosario Santamaría acababa de morir aquella misma tarde— Angelina conoció a Roberto Paniagua, a quien habría de amar perdidamente durante el resto de su vida. Fue Laura Pelayo quien lo llevó al garaje y quien se lo presentó. Roberto la convidó a una gaseosa y le preguntó luego cortésmente si aceptaría bailar con él. Angelina, maleducada en los hábitos de la seducción femenina, fingió consultar su carnet de baile y le respondió que esa noche tenía ya todas las piezas comprometidas. Aquellas palabras fueron, como ella recordó después hasta enloquecerse, la razón más probable de su desventura.

Durante un año Angelina esperó a que Roberto Paniagua se acercara de nuevo a rogarle un baile, pero él no lo hizo. En ese tiempo —extendido y multiplicado por la desdicha— se sucedieron los pretendientes, los obsequios, las súplicas y los ofrecimientos. De creer el testimonio de Laura Pelayo, única persona que entonces gozaba de la confianza de Angelina, ésta recibió en aquellos meses nueve proposiciones de matrimonio, y cerca de un centenar de hombres le pidieron relaciones formales. Roberto Paniagua, sin embargo, nunca volvió a acercarse a ella. La saludaba con cortesía si se tropezaban en el garaje o la convidaba a una gaseosa cuando estaba con Laura Pelayo, pero nunca le sonrió privadamente ni puso en sus gestos complicidad de amante. Fue por entonces cuando Angelina empezó a decir que alguien que ha sido engendrado en un territorio incierto del mar no tiene dominio posible sobre su felicidad.

Los desaires de Roberto extraviaron la razón de Angelina. En noches inacabables de vigilia inventó fundamentos absurdos y enredos improbables. Probó a pensar los pensamientos de Roberto y a sentir sus pasiones, y llegó a la conclusión de que necesariamente él la amaba. Tramó entonces oscuros artificios para mover su amor: comenzó a coquetear con algunos de sus pretendientes y a consentirles familiaridades que nunca antes había tolerado. Cada noche, en el garaje, hacía una farsa de amores tratando de encender el corazón de Roberto, y después de dejar que le robaran un beso o que le sostuvieran la mano con descaro, buscaba en algún rincón su rostro esperando hallar en él la envidia o la desesperación. Siempre encontraba, sin embargo, un gesto ordenado y amable.

En las Navidades de 1954 Angelina llevó al garaje a Ricardo, el millonario del automóvil y del traje recién planchado. Dijo a todos que era su novio formal y se exhibió con él en posturas y ademanes atrevidos. Roberto, para quien había sido preparada aquella representación, se vio forzado a saludar al millonario y a cambiar con él algunas palabras banales. Aquella noche Angelina se marchó temprano del baile, anunciando a todos con demasiada ostentación su prisa por quedarse a solas con Ricardo. Las muchachas rieron la picardía y los muchachos, fingiendo indulgencia, aborrecieron a Angelina tanto como la amaban.

No volvió al garaje durante las siguientes dos semanas, tiempo que juzgó suficiente para alimentar sin remedio el deseo de Roberto. En aquellos días de solitario apartamiento volvió a soñar porvenires fabulosos. Eligió la calle donde Roberto y ella vivirían y la escuela adonde llevarían a sus hijos. Tendrían dos, que se llamarían también Angelina y Roberto. En el verano irían todos a la costa a pasar las vacaciones. En el invierno, cuando Roberto volviera del trabajo, saldrían ellos dos a pasear por Buenos Aires, y algunas tardes, con unas sobras de dinero, entrarían en el cinematógrafo a ver películas antiguas. Durante aquellas dos semanas, probablemente, Angelina fue feliz.

Regresó al baile acompañada como siempre por Laura Pelayo. Hicieron el camino en silencio y sin mirarse apenas, olvidándose casi. Al entrar en el garaje, Angelina buscó con urgencia, en la vastedad de la nave mal iluminada, la imagen soñada de Roberto. Le vio acercarse apartando gente y sonriendo. Luego llegó ante ellas, dijo «Hola, Angelina, me gustó volver a verte» con voz triste, besó a Laura en el borde de los labios y se alejó con ella bailando el bolero que sonaba.

Angelina se casó con Ricardo el 9 de mayo de 1955. Roberto Paniagua y Laura Pelayo, que habían anunciado su boda para dos meses y dos días más tarde, asistieron a la ceremonia y acompañaron a los novios en la celebración. Después del banquete, cuando la orquestina comenzó a tocar, Roberto se acercó a Angelina y le pidió un baile. Ella le miró con una tristeza exagerada y dejó que dos lágrimas le mancharan el lomo de los ojos. Esa misma noche, después de consumar dolorosamente el matrimonio, le escribió a Roberto la primera de las quinientas sesenta cartas de amor que habría de escribirle en el curso de su vida. Comenzaba así: «Roberto: Ni amé nunca, ni habré de amar, a alguien que tenga ojos distintos de los tuyos, o muslos que no sean tus muslos, o boca que no lleve tus labios».

Durante años Angelina escribió, en un papel grabado que mandaba traer de Florencia, todas las quejas de amor que fue capaz de imaginar. Mientras en el exterior de su vida iban sucediéndose una muchedumbre de acontecimientos que recordaban los porvenires fabulosos que ella había ensoñado en su juventud del suburbio, el dominio privado de su alma era un almacén, cada vez más grande y miserable, de ambiciones que se habían ido creando únicamente para Roberto Paniagua.

Ricardo prosperó en sus negocios y pronto cambiaron la vivienda lujosa del centro de Buenos Aires por un rancho en las afueras. Angelina, su primera hija, nació en 1960, y once meses después nació Roberto. En 1967, a los cincuenta y nueve años de edad, murió Giovanni Ricordi, que había ido a vivir con Angelina y Ricardo cuando se mudaron al rancho. Hubo viajes a Europa en los que Angelina pudo conocer la serenidad de Nápoles e imaginar el sosiego de una vida que no hubiera tenido origen en el camarote de un barco en travesía. (En una carta fechada en Roma en septiembre de 1968, sin embargo, Angelina le escribía a Roberto Paniagua: «Ayer visité Nápoles y caminé sola por el puerto. Probablemente, pensé, si mi vida no hubiera tenido nunca otro paisaje diferente a éste, ahora sería feliz. Pero enseguida comprendí que te habría conocido igual, que mi amor no tiene causa en países ni en destierros».) Ricardo murió cuando apenas había cumplido cuarenta años, pero dejó a la viuda y a sus hijos una situación financiera ejemplarmente sana. Roberto terminó sus estudios de secundaria en 1978 y solicitó su admisión en la universidad norteamericana de Houston, donde ingresó al año siguiente. Su hermana Angelina, por último, se casó con el hijo primogénito de un terrateniente porteño en diciembre de 1981.

Entre tanto, a través de un tiempo inmóvil diferente al tiempo, Angelina continuó escribiendo —en el recogimiento nocturno de su alcoba, en la cubierta de los trasatlánticos o en las mesas de cafés de ciudades extranjeras— largas cartas de amor a Roberto Paniagua. Durante años confió en aprender a olvidarlo. Se echó en los brazos de cuantos hombres se lo pidieron, tratando siempre de encontrar en sus ojos una pasión posible que la apartara de Roberto. Yació con muchachos delicados, con hombres de merecimiento, con machos brutales y con caballeros respetables. Ninguna de aquellas aventuras, sin embargo, pudo desbaratar el recuerdo de Roberto Paniagua.

Muchas veces sintió Angelina la tentación de consumir su silencio, de romper todas las cartas que había ido amontonando y de ir a confesarle a Roberto —mirándole a los ojos como hacía en las noches del garaje— las querellas de su corazón. Pero en aquel ocultamiento y en aquel sigilo había una magnificencia triste que ella entendió siempre como la prueba última —y la más hermosa— de su amor. Y había, sobre todo, un espanto secreto de forzar destinos, el terror de allanar una vida que ya era extraña y que merecía el respeto del silencio. «Sólo el amor que se atreve a transgredir su propia muerte —escribió Angelina en una carta fechada el 7 de junio de 1971— es suficientemente generoso.

Dejaré toda esta provisión de desventuras para que las leas demasiado tarde, cuando de mí sólo quede ya la memoria de un nombre escrito sobre el agua. Cuando la desesperanza de tener tu carne en mi carne devorada por gusanos haya purificado por fin, de manera irrevocable, mi ternura.»

El 9 de junio de 1971, según consta en el documento que firmó, Angelina llevó el primer paquete de cartas al notario que atendía los asuntos de la familia, a quien dio instrucciones para que se las entregara a Roberto Paniagua después de que ella hubiera muerto. Desde aquel día fue a Buenos Aires todos los lunes para depositar en el despacho del notario las cartas que había escrito durante la semana.

Angelina envejeció con ese único consuelo: el de que Roberto Paniagua conociera algún día su ambición verdadera. A medida que se fue agrandando la flaqueza de su vida, reconoció y sintió crecer el confortamiento de su propia muerte. Quienes convivieron con ella en el rancho durante aquellos años aseguran que Angelina se complacía con la enfermedad. Cuando sufría ataques de fiebres o de vómitos que la obligaban a retorcerse de dolor, dicen, podía vérsele en la expresión del rostro una extraña mueca de placer. Luego, escuchando a los doctores diagnosticarle males inocentes, Angelina recobraba el gesto de la amargura humana.

La prolongación de días sucesivos e iguales le trajo el espanto de la inmortalidad. Imaginó que no moriría nunca y que aquellas cartas que había ido escribiendo para Roberto Paniagua —aquella tarea a la que había consagrado su vida entera— no serían leídas jamás. La expiación que esperaba, entonces, se volvería desconsuelo mayor y pena irredimible. Un lunes, al salir del despacho del notario, entró en una armería y compró la pistola con la que había planeado quitarse la vida.

El primero de octubre de 1983, de madrugada, Angelina comenzó a escribir su última carta de amor. La terminó cuando amanecía. La dobló con un cuidado especial, la guardó en el sobre y luego se desmayó. La doncella que le traía el desayuno la encontró al mediodía. Asustada, la llevó a la cama y avisó al doctor. Angelina recuperó el conocimiento pocos minutos después y ordenó que la ayudaran a vestirse y que prepararan el coche para ir a la ciudad. Los intentos de convencerla de que reposara hasta que la viese el médico fueron inútiles. A las 12:42, mientras Angelina esperaba en el vestíbulo a que le trajeran su abrigo, telefoneó el notario, que quería verla urgentemente. Ella le dijo que en ese mismo momento salía hacia Buenos Aires.

La acompañaron una doncella y un mozo de las caballerizas. En el camino Angelina sintió una quietud sin nombre e imaginó que viajaba al garaje, que vería a Roberto, que Roberto le rogaría un baile y que ella se lo concedería. A la doncella, que iba sentada a su lado en el asiento trasero, le sonrió con una dulzura inacabable y le dijo: «¿Trajiste mi carnet de baile? Hoy no lo necesitaré, tengo todas las piezas comprometidas».

El notario la recibió inmediatamente. Angelina le entregó la carta número quinientos sesenta y le dijo que iba a ser la última. El notario, a su vez, le entregó a ella un paquete interminable de cartas ordenadas. Roberto Paniagua, le dijo, las había ido escribiendo para ella y le había confiado a él la custodia para que se las entregara después de su muerte. La noche anterior, añadió, se había quitado la vida disparándose en el paladar.

En los ojos de Angelina, rotos por la desdicha, estaba escrito ya el acabamiento. Abrió la primera carta y leyó: «Angelina: Ni amé nunca, ni habré de amar, a alguien que tenga ojos distintos de los tuyos, o muslos que no sean tus muslos, o boca que no lleve tus labios». Angelina apretó los párpados, reconstruyó en su rostro la forma de la serenidad y le dijo al notario: «¿Sabe? Mis padres me engendraron en el mar».

Murió esa misma noche, a los cuarenta y nueve años de edad, de un balazo en el corazón.

Otto Alexander Steinnenman

Quizá menos legendaria que la de Angelina Ricordi, pero igualmente admirable y conmovedora, es la historia de Otto Alexander Steinnenman, judío alemán que sobrevivió a los siniestros experimentos a que fue sometido por los médicos nazis del campo de Dachau durante la Segunda Guerra Mundial. Cuando fue liberado, en abril de 1945, tenía veintidós años. Su padre había sido exterminado al comienzo de la guerra en Auschwitz, y poco después, en el campo de mujeres de Birkenau, había muerto su madre. De sus tres hermanos, detenidos por la Gestapo en noviembre de 1944, nunca volvió a conocerse el paradero.

Steinnenman apenas conservaba apariencia humana cuando abandonó Dachau. La mitad izquierda de su cuerpo había sido quemada con ácidos: la pierna estaba insensible y enflaquecida, el brazo había sido mutilado a la altura del codo, y en el rostro, completamente desfigurado, le faltaba el ojo. Sólo en una zona estrecha de la nuca le quedaba cabello. Le habían partido todos los dientes y le habían arrancado la lengua. Los genitales los tenía amputados.

Steinnenman pasó dos años en un hospital

de Berlín, donde aprendió a emplear su nuevo cuerpo. En 1947 el gobierno de la República Federal le concedió una pensión de doscientos marcos anuales, con la que pudo dejar el hospital e ingresar, a los veinticuatro años de edad, en una residencia para impedidos, que ya no abandonó hasta que, trece años después, murió de una paraplejía.

Su propia monstruosidad debió de convencer a Steinnenman de que nadie lo amaría nunca. Él, sin embargo, dueño de una existencia que su cuerpo parecía desmentir y capaz de una ternura que los ácidos no habían logrado quemar, conservó siempre el afán humano de la quimera de amor. «Amar», escribía en sus cartas, «no es otra cosa que soñar una vida diferente, que sólo es inmortal si no es posible».

En los trece años que vivió en la residencia amó a nueve mujeres. Siete de ellas fueron enfermeras provisionales o asistentes clínicos que se ocuparon de atenderle y cuidarle. Las otras fueron dos muchachas judías que pasaron allí, antes de volver con sus familias reencontradas, cortos períodos de tiempo.

Steinnenman calló su amor, como Angelina Ricordi, para excusar la lástima. Quiso únicamente dejar testimonio de él, y escribió una carta a cada una de las nueve mujeres confesándoselo. Las nueve cartas fueron encontradas en el forro de su colchón cuando murió. Todas comenzaban con la misma fórmula, alterada sólo en el nombre y en las fechas: «Querida Vera: Te amé entre el 31 de agosto de 1949 y el 12 de enero de 1950. Te vi por primera vez el 20 de agosto de 1949; te marchaste de la residencia el 2 de diciembre del mismo año». Luego seguían unas reflexiones breves y graves siempre semejantes. Al final, antes de firmar, se presentaba: «Soy Otto Alexander, el mutilado que sólo podía sonreírte con la mitad derecha de la boca».

Se encontró una décima carta —dirigida al director de la residencia y redactada como si se tratara de un testamento— en la que Steinnenman expresaba su deseo de que se repartiera entre las nueve mujeres, en partes iguales, el dinero que había ido ahorrando durante esos trece años, su único patrimonio. Después de pagar los gastos del entierro y el franqueo certificado de las nueve cartas, sobraron aún quince marcos cincuenta.

Alessio Meldolesi

Guido Perotti, homosexual pederasta, comunista y católico excomulgado, conoció a Alessio Meldolesi en las reuniones clandestinas que los partisanos de Turín celebraban a finales de 1939 en un sótano de Via Montebello. Alessio tenía diecisiete años, era confitero de profesión, y había ingresado en la Resistencia empujado por una ambición de heroísmo y gloria tan solemne como candorosa. Su sonrisa desabrigada y sus ojos blandos despertaron en Perotti, a lo largo de noches irreales, una pasión oscura, y Perotti, experimentado ya en negocios semejantes, planeó minuciosos fingimientos y artificios para seducirlo. Su sabiduría de activista reconocido y su fama de viejo guerrillero le procuraron sin esfuerzo la confianza y la admiración incondicionales del muchacho, en cuyo adoctrinamiento gastó un tiempo robado al sueño y un entusiasmo irrazonable. Más tarde, cuando el aprendizaje de Alessio estuvo concluido, buscó su gratitud confiándole misiones reservadas y aplaudiendo indiscriminadamente sus éxitos y sus fracasos. Alessio era, al cabo de cuatro meses, un discípulo ejemplar, leal y dócil, pero no era aún el camarada fraterno que Perotti perseguía.

Perotti pensó: «Dios dijo al hombre que lo había hecho a su imagen y semejanza, y el hombre, sólo mientras lo creyó, creyó en Él», y se puso luego a fabricar en Alessio el sentimiento último: la soberbia. Desordenó súbitamente los papeles: allí donde le aconsejaba, le pidió consejo; donde le ordenaba, le obedeció; donde se arrogaba, se humilló. Cambió su disfraz de maestro por el disfraz de amigo, y logró así que Alessio sintiera —al mirarse el rostro en su propio rostro— la satisfacción heroica que había soñado. Entonces, después de casi medio año de trabajo subterráneo, intentó besarle. El muchacho, desconcertado, tardó unos segundos en reconocer el gigantesco engaño. Separó su cuerpo del de Perotti, apartó los ojos para que no le viera llorar y dijo: «Probablemente Mussolini ya haya muerto». Era la madrugada del 10 de junio de 1940. Pocas horas después Italia declaraba la guerra a Francia y a Inglaterra.

Durante algunas semanas Alessio abandonó sus tareas de la organización y dejó de asistir a las reuniones de Via Montebello. Perotti, que conocía bien la prudencia inquebrantable que a todo partisano se exigía, no se atrevió a enviarle recado ni a rondar su casa. En los primeros días temió una denuncia y aumentó las precauciones: modificó sus rutas, quemó documentos, suspendió acciones programadas y se sentó luego a esperar que algo sucediera. Pero no sucedió nada. Alessio volvió a las reuniones y reinició con naturalidad sus labores habituales, ensanchadas ahora por el comienzo de la guerra. Se excusó siempre, sin embargo, de actuar bajo las órdenes de Perotti, quien le agradeció silenciosamente ese apartamiento discreto y desembarazado.

El 11 de marzo de 1941 la policía fascista detuvo en Turín a doscientos ocho miembros de la Resistencia. Perotti, que fue advertido pocos instantes antes de que allanaran su casa, escapó por los tejados. Cuando llegó a la confitería, Alessio, que estaba solo, no se sorprendió de verlo. Le preguntó: «¿Vas a comprar dulces?». Perotti, con el gesto tal vez envilecido por el miedo, sólo dijo: «Vienen a matarte». Escaparon juntos en un coche robado. Cerca de Moncalieri, una aldea de los alrededores de Turín, había un viejo caserón deshabitado que les serviría para esconderse algunos días. Luego seguirían hasta Carignano, donde un grupo organizado de partisanos les ayudaría a cruzar la frontera de Francia.

Los fascistas, sin embargo, habían encontrado ya el caserón de Moncalieri y los esperaban allí. Luigi Paoli y Gabriella Ubaldi habían sido baleados cuando intentaban refugiarse dentro: aunque no supo reconocerlos, Perotti alcanzó a ver sus cadáveres justo antes de pisar a fondo el acelerador para rebasar la ordenada formación de policías que les daban el alto mientras disparaban. El coche atravesó una espesa niebla de balas, zigzagueó para esquivar la pendiente del terreno y se alejó en una extensión sin fondo de cultivos, dejando atrás definitivamente el caserón.

Al cabo de varios kilómetros abandonaron el coche en silencio, vadearon el río que les cerraba el paso y corrieron luego sin rumbo, guiados únicamente por el espanto. La sucesión de campiñas desnudas y de bosquecillos acabó por parecerles un paisaje circular e idéntico sobre el que dieran vueltas insensatamente. El vértigo de la carrera reunió todas sus pasiones en una sola: alcanzar Carignano, ocultarse, dormir, olvidar el mundo. Pero cuando anochecía, desadormecidos por el ruido de un disparo, advirtieron que aún estaban siguiéndoles. Perotti se detuvo, se sujetó las tripas para que no se le desbarataran al hablar y dijo: «Hijos de puta».

Les alcanzaron una hora después. Alessio, oculto detrás de una espesura de árboles, los vio primero. Eran seis hombres y caminaban por parejas. Avanzaban despacio y con orden, observando disciplinadamente cada recodo del bosque, cada corro de árboles y cada desnivel. En las manos, alzadas a la altura del vientre, sujetaban pistolas. No parecía que hablaran entre sí ni que se distrajeran con evocaciones lejanas: únicamente acechaban.

Alessio buscó el amparo en los ojos de Perotti, pero sólo encontró un propósito de rabia. Permanecieron inmóviles, mirándose uno a otro sin llegar a verse, hasta que el primer ruido de ramas removidas y quebradas llegó hasta ellos. Como si su quietud pudiera conjurar la realidad del mundo, volviéndola sólo apariencia o representación, renunciaron al gesto y al gobierno de los músculos. Al cabo, Perotti parpadeó, reconoció a Alessio en las facciones pálidas y rectas que lo estaban mirando, y recordó en ellas, como otra forma más de apartamiento, las tropelías del amor y las barbaridades de la carne. No dijo nada, pero comenzó a llorar. Luego cerró los ojos y dejó caer contra el pecho la barbilla.

Fue Alessio quien descubrió, a unos metros de donde estaban, hacia el interior del bosque, dos árboles gruesos tumbados en cruz. Mientras los fascistas continuaban avanzando, en los últimos instantes de lejanía prudente, arrastró a Perotti hasta allí y lo empujó dentro de la cueva que formaban los troncos caídos. Entre una vegetación tupida y húmeda se acomodaron uno junto a otro. Los camisas negras no tardaron en pasar cerca de ellos: sintieron, muy próximas, sus pisadas regulares e impacientes, y, cuando apenas les habían sobrepasado, escucharon una voz autoritaria que ordenaba algo, un silencio largo, unas frases pronunciadas con gravedad de chanza, y por fin unas risas incontenidas que llegaban desde diferentes distancias y que tenían algo de abyecto y de inmisericorde. Alessio y Perotti no sabían qué estaba ocurriendo afuera, detrás de esa muralla de madera y hojas verdes que les arropaba. Retuvieron el aire en la garganta, comenzaron oraciones y buscaron luego, entre el marasmo de pánico que les paralizaba, la dignidad necesaria para sostener la mirada de sus asesinos y para sonreírles altaneramente cuando los ajusticiaran.

Era, sin embargo, un terror equivocado. Durante más de una hora se sucedieron las bromas y las risas de los fascistas, pero ninguno se acercó a curiosear entre los árboles caídos. Cerca de la medianoche escucharon a lo lejos el ruido de un motor, y un alboroto de risas nuevas se unió poco después a las antiguas. Perotti comprendió que habían dado por concluida la persecución y se preparaban ahora para pasar allí la noche. Pronto distinguió la estridencia metálica de cucharas golpeando en platos, el parpadeo del fuego crepitando, la obscenidad de voces ebrias.

Sabía que el peligro había terminado, pero no le dijo nada a Alessio, quien continuaba temblando de miedo junto a él. Arrastrándose con suavidad, como un soldado que atravesara un campo de minas, se movió hacia su cuerpo y lo abrazó. Alessio estaba frío y miraba fijamente a la techumbre de ramas, tratando de reconocer, entre la tiniebla de la noche, el dibujo preciso de la membrana de nervios de una hoja que colgaba sobre su cabeza. Al principio no sintió cómo los brazos de Perotti lo rodeaban y lo apretaban contra su cuerpo más caliente. Se dejó llevar como si fuera una prolongación inanimada de la madera de árbol en la que acostaba la espalda. Se dejó revolver el pelo, besar los ojos, alzar la camisa, desabotonar el pantalón. No le sorprendieron las manos de Perotti, sino sus propias manos, que buscaron la carne y devolvieron las caricias. Serpenteando uno sobre el otro en un espacio apenas mayor que el volumen de sus cuerpos encogidos, calladamente, se desnudaron. Alessio ya no temblaba, ya no estaba frío. Ahuyentaba el terror probando maneras nuevas de aplastarse en la piel sudada y blanda de Perotti. Le recorría la espina dorsal explorando cada vértebra o le mordía delicadamente los músculos del cuello hasta sentirlo estremecer. No recordó nunca cuánto tiempo había durado aquel despropósito que tanto se parecía a la danza de la muerte o al preliminar de un sacrificio pagano. Debió durar, sin embargo, toda la noche, porque en la memoria le quedó, iluminado por la última claridad del amanecer, el ademán final de su ternura: se abandonó a descansar sobre la muñeca de Perotti y le besó el pulso; en sus labios, despellejados por el viento helado y por el amor, se hundía a golpes el cordón delgado de las venas. Luego se durmió.

Al despertar, Perotti lo miraba desde el exterior del refugio, encaramado en cuclillas sobre uno de los troncos. Alessio tuvo un súbito instinto de pudor y se cubrió el cuerpo desnudo. Después recordó violentamente. No hizo falta que dijera nada: Perotti entendió, en el desarreglo de sus ojos, lo que el muchacho quería saber. Sólo acertó a explicarle: «Los grandes camaradas lo son siempre en la guerra, y los grandes amantes en la adversidad.»

Habrían de pasar más de treinta años antes

de que Alessio Meldolesi recordara aquellas palabras. Entre tanto, Italia y él, a veces juntos y a veces apartados, mudaron su pelaje. El 12 de mayo de 1943 Alessio fue detenido en Milán acusado de subversión, siendo liberado cinco meses más tarde. Se trasladó inmediatamente a Sicilia, donde viviría hasta el final de la guerra. El 28 de abril de 1945 Mussolini fue fusilado por un grupo de partisanos cuando trataba de huir a Suiza. Alessio recuperó poco después las propiedades incautadas a su familia por el gobierno fascista y se ocupó personalmente de los negocios. En junio de 1946 Humberto II se exilió en Portugal y Enrico da Nicola ocupó la presidencia provisional de la República. Un año más tarde, el primero de julio de 1947, Alessio contrajo matrimonio con Gianna Guinizelli, descendiente en vigesimoséptima generación del poeta *stilnovista* Guido Guinizelli. La señora Meldolesi, a la que Alessio no había llegado a amar nunca, murió el 12 de enero de 1949 en un accidente de ferrocarril. A finales de ese mismo año Alessio conoció en Florencia a Luigi Perotti, quien le contó que Guido, su hermano, había sido ejecutado por los fascistas al intentar cruzar la frontera francesa dos meses después del episodio del bosque. En 1952 Alessio inauguró en el centro de Turín dos nuevas confiterías. Desde entonces hasta 1970 el imperio Meldolesi, sostenido por tartas, cremas y pasteles, no dejó de extenderse por toda Italia. La revista de economía *Finanze Internazionale* incluyó a Alessio, en abril de 1971, entre los cien hombres más ricos de la República. Ese mismo mes ingresó en las filas de la Democracia Cristiana y comenzó a preparar su candidatura de diputado.

Alessio Meldolesi, que nunca había amado a una mujer y que desde la muerte de su esposa sólo había tratado íntimamente con prostitutas y con aristócratas insatisfechas, conoció entonces, a los cuarenta y nueve años de edad, un desorden del espíritu y de la carne que se parecía mucho a lo que siempre había imaginado que debía ser el amor. Ella se llamaba Irene Lanzone, tenía treinta y seis años y estaba casada con un viejo diputado toscano que se había empeñado en apadrinar la carrera parlamentaria de Meldolesi, quien aprovechó esta circunstancia para comenzar a visitarlo —en su casa de Roma o en su villa de Lucca— con una regularidad y una frecuencia que sobrepasaban la exigencia de cualquier ambición política.

En los primeros meses juró ocultar su amor mientras viviera. No lo creyó tan poderoso como para ser capaz de sobrevivir a la insatisfacción, a la amargura y, sobre todo, a la culpa que engendraba. Pero se equivocó: lejos de menguar, sus alborotos se multiplicaron y se le antojaron escasos sus excesos. Se acostumbró a pensar en Irene Lanzone como en un cáncer maligno que después de haber destruido un órgano, dueño ya de los secretos de vísceras y músculos, va invadiendo el resto del cuerpo hasta terminar con él, hasta devastarlo por completo. Aquello no se parecía ya a lo que Alessio había imaginado siempre que era el amor: hasta entonces, hasta que conoció a Irene, lo había llamado agonía.

En diciembre de 1971 las visitas a la casa del diputado se hicieron diarias. Algunos días, incluso, quebrantando su esmerada discreción, acudía dos y hasta tres veces para ver a Irene: si en su primera visita encontraba al esposo, regresaba más tarde con algún pretexto para hallarla a solas. A pesar de las banalidades de la conversación y de la frialdad cortés del trato, a pesar de la insuficiencia que dejaban en él las miradas lejanas y la brevedad caliente de la mano que lo saludaba o lo despedía, Alessio terminó habituándose de tal modo a aquellos ratos de suave intimidad, que no sabía vivir ya para otra cosa sino para procurarlos. Fue entonces cuando le compró una gargantilla de diamantes y le declaró su amor.

Irene se escandalizó, o fingió escandalizarse. Rechazó el obsequio y le rogó educadamente que olvidara sus propósitos, tan desatinados —dijo— como deshonestos. Él, sin embargo, no perdió el ánimo ni la compostura. Con más desagrado que ilusión, se dispuso a sostener un largo asedio. Dos semanas después sumó una pulsera a la gargantilla y le repitió lastimeramente sus quejas de amor. Irene lo entendió como un agravio: ella no era una cortesana con la que pudiera regatearse el precio; aunque la cubriera de joyas y de oro, no correspondería nunca a sus perversos sentimientos. La tercera vez Alessio no llevó ningún regalo. Solamente le dijo que la amaba, y acercó una de sus manos al pecho de ella, tratando de forzar, en la docilidad de la lujuria, la entrega definitiva. Irene lo abofeteó y lo arrojó de la casa, amenazándole con informar al diputado de los caprichos ultrajantes de su protegido.

En los siguientes días, con la excusa de examinar la marcha de sus negocios largamente desatendidos, Alessio recorrió Italia. No logró, sin embargo, olvidar a Irene. El deseo, cada vez más vivo, tomó la forma falsificada y dulce de la nostalgia, y, como una suerte más de la locura, Alessio comenzó a recordar, al compás exacto de su viaje, las tardes de lluvia en las que Irene y él habían recorrido calladamente las avenidas de Turín, las fotografías que ella hacía en Verona, los paseos en góndola por los canales apartados de Venecia, el sol inmóvil del verano en Cagliari, las playas del Tirreno. No pensaba en ella como se piensa en los seres codiciados que no pueden poseerse, sino como se recuerda a un amante muerto en el tiempo aún de la pasión primera. Su dolor, más sosegado, tenía ahora la certidumbre de la muerte. Y entonces, infortunadamente, se acordó de las palabras que Guido Perotti había inventado para él treinta años antes.

El amor de Alessio Meldolesi se convirtió en una sucesión de disparates. Soñaba con una sublevación marxista que llevara a Italia a una guerra civil y que les obligara a ellos, a Irene y a él, a huir de una patrulla de proletarios despiadados atravesando bosques y campiñas. En aquellos días escribió discursos y concedió entrevistas que arruinaron definitivamente sus aspiraciones políticas. Exhortaba al Gobierno y al Parlamento de la República a tomar medidas que redujeran los costosos beneficios sociales que disfrutaban los obreros y los profesionales asalariados. Pidió una congelación de los salarios, un aumento de los impuestos, un control de la libertad de prensa y una reorganización eficaz de los ejércitos. Sus compañeros más próximos del partido, y singularmente el marido de Irene, siguieron sus declaraciones con estupefacción. Alessio, predicador con el ejemplo, se enfrentó con los representantes sindicales de las empresas Meldolesi. Despidió a quince miembros del Partido Comunista y manifestó a través de la RAI, desde el aeropuerto de Pisa, que Italia sólo sería libre cuando no quedaran en su suelo bolcheviques.

Los obreros, sin embargo, no se sublevaron, y Alessio siguió amando a Irene Lanzone sin encontrar un pretexto para escapar con ella al bosque de Carignano. Tardaría aún varios meses en encontrarlo: a fuerza de desmenuzar las circunstancias reales y de analizar obsesivamente cada fragmento de probabilidad, Alessio dio con el modo: secuestrarse con Irene. Él no necesitaba el terror, como necesitó con Guido Perotti, para amarla. Bastaría con que fingiera y con que estuviera al lado de ella, protegiéndola y dividiendo entre dos la suerte miserable. «Quizá fue eso lo que hizo Perotti», pensó. «Quizá Mussolini era sólo un mercenario suyo. Quizás inventó él la guerra y el fascismo para poder amarme.» Y por primera vez en treinta años lo recordó sin asco.

Los pormenores del secuestro, tramado con paciente cuidado, revelaron en su habilidad y sensatez una inteligencia poco enflaquecida por los desvaríos sentimentales. Alessio contrató a Carlo Fava, un delicuente a sueldo cuya irreprochable biografía criminal, resuelta siempre con limpieza, era garantía suficiente de éxito. Le pagó más de lo que él pedía, confiando en que esa generosidad inusual le ayudara a olvidarlo todo cuando el asunto estuviera concluido. Fue Fava quien se encargó de alquilar una villa en las afueras de Roma, de contratar el suministro regular de víveres y de comprar, bajo nombre falso, un coche usado. Alessio, por su parte, dispuso las circunstancias del secuestro. Volvió a visitar diariamente a Irene, evitando ahora los ruegos y las quejas, y tomó nota detallada de las ausencias programadas de su esposo. Al cabo de cuatro meses, desde un teléfono público de la estación de Termini, comunicó a Carlo Fava la fecha, la hora y el modo en que debía secuestrarlos.

Todo sucedió tal y como había sido planeado. El 3 de noviembre de 1972, a las 20:30 horas, Alessio Meldolesi llegó a casa de Irene Lanzone. Su esposo había salido aquella misma mañana hacia Palermo y no regresaría hasta la noche siguiente. La única criada que quedaba se marcharía una hora después. Irene lo invitó a cenar; Alessio aceptó con gusto. Durante la cena hablaron de asuntos públicos, de intrigas políticas y de algunas ciudades extranjeras que ambos habían visitado. A las 21:45, cuando la criada se hubo marchado, Irene le ofreció a Alessio una copa de licor. A las 21:55 sonó el timbre. Irene salió a abrir. No se desmayó ni gritó: con el rostro sereno, volvió al salón, seguida de un hombre encapuchado que le apuntaba a la nuca con el cañón de una pistola. Alessio repitió convincentemente las protestas y las amenazas, entre asustadas y serviles, que había ensayado durante varios días. Luego obedeció las instrucciones que dictaba el encapuchado y abandonó la casa agarrado del brazo de Irene.

Recorrieron calles y carreteras durante casi cinco horas. Atados y cegados por una venda, y tumbados uno junto al otro en el asiento trasero del coche, soportaron el terror y la fatiga sin hablar. Después el automóvil se detuvo y el encapuchado les empujó afuera. Atravesaron un empedrado, una blandura de hierba, dos tramos de escalera y un suelo alfombrado antes de que, ya en el cuarto que habría de albergarlos, Fava les quitara las vendas de los ojos. La habitación era amplia y tenía dos espacios separados: uno, amueblado sobria pero elegantemente con una cama grande, un ropero y dos mesitas de noche, cumplía las funciones de dormitorio; en el otro, más sobrio aún, había una mesa, cinco sillas y un pequeño frigorífico con bebidas. Una puerta estrecha, abierta en uno de los laterales del dormitorio, comunicaba con el cuarto de baño: lavabo, ducha, retrete, un espejo redondo, dos toallas colgadas de una percha, y un anaquel con jabón, peines, cuchillas y crema de afeitar, un bote de champú y un frasco de colonia ordinaria. No había ventanas.

El 5 de noviembre, en primera página y a dos y tres columnas, todos los diarios italianos informaban del suceso. Como Alessio había supuesto, la policía conjeturaba que su secuestro había sido una equivocación: sin duda buscaban al diputado, en cuya casa estaba y a cuya mujer, también secuestrada, acompañaba en la noche de autos. Los periodistas inventaron historias inverosímiles y orígenes desatinados: el terrorismo, una banda internacional de extorsionadores, una *vendetta*. También se habló de amor: una reportera joven, que buscaba méritos, sostuvo que el anciano diputado había descubierto los amores secretos de Meldolesi y de su esposa y los había asesinado, haciendo desaparecer después los cuerpos.

Irene Lanzone conservó una entereza de ánimo y una dignidad que Alessio no había previsto. En la primera noche apenas habló: después de asearse diligentemente, se acostó en un extremo de la cama dando la espalda a Alessio. Cuando él se despertó a la mañana siguiente, ella dormía aún. Asombrado, le preguntó cómo era capaz de mostrar tanta serenidad en un trance semejante. La respuesta de Irene le dejó sin habla: «Todo esto lo has preparado tú», dijo, «y sé que no vas a causarme daño. Pero no me gustaría aburrirme más de lo justo; pídele a tu amigo algunos libros y un televisor».

Para convencerla de que estaba equivocada, Alessio tuvo que improvisar un episodio nuevo en la representación: esa misma tarde, después de un violento enfrentamiento, el encapuchado perdió los nervios y le disparó en la pierna, con la precisión necesaria para provocar una herida escandalosa pero inofensiva. Irene tuvo que admitir entonces la inocencia de Alessio. Su calma y su altivez, sin embargo, no se quebraron.

Más que un delincuente profesional, a los planes urdidos por Alessio Meldolesi les convenía un actor dramático. Cada tarde, cuando les visitaba para llevarles la cena, Carlo Fava debía representar los diálogos que por la mañana, después de ducharse, Alessio había escrito en el cuarto de baño para él y le había entregado luego disimuladamente entre los restos del almuerzo. Día a día, como en un telefilme policiaco, iba exagerando la violencia y la crueldad, confiando en que en algún momento Irene sintiera miedo y se abandonara a él. Pero ese momento no terminaba de llegar. En el séptimo día del secuestro el encapuchado debía dramatizar una amenaza sexual. Con una cólera poco convincente, pronunció las palabras escritas por Meldolesi: «Puta, ahora vas a saber lo que es tener un incendio entre las piernas». Luego esperó a que Alessio dijera su frase —«No te atreverás, canalla»— y avanzó hacia ella. Irene levantó la cabeza, le sostuvo la mirada y comenzó a desabotonarse la blusa. Fava enrojeció detrás de su capucha. No supo cómo continuar, dio media vuelta resoplando y se fue.

Desde el primer momento Alessio había renovado sus quejas de amor y sus súplicas. Mientras Irene le cambiaba pudorosamente los vendajes de la herida, él la miraba con devoción y le repetía que la amaba. A ella, sin embargo, no se le ablandó el corazón ni se le deshelaron las láminas de escarcha que tenía puestas en los ojos. Ya ni siquiera decía que no: le ignoraba. Cuando él trataba de acercarse para sujetarle el cabello o para ponerle la palma abierta de la mano en el cuello desnudo, Irene se apartaba sin enojo, distraídamente. Algunas veces decía, refiriéndose a su esposo: «Cuánto lo echo de menos». Y Alessio comprendía.

Al cabo de cuarenta y cinco días, cuando todo el país había olvidado ya el asunto Meldolesi, los periódicos y los noticiarios anunciaron el trágico desenlace: el secuestrador, un conocido asesino profesional, había matado a sus rehenes y se había suicidado después; no se conocían las razones de tan sangrienta conducta, aunque se presumía que era consecuencia del patente desequilibrio mental del homicida, a quien los remordimientos habrían llevado hasta la locura. Fue el propio ministro del Interior quien se encargó personalmente de redactar la explicación, que, aunque cometía el despropósito de atribuir demasiadas torpezas y pasiones demasiado intensas a un reconocido criminal, resultaba verosímil y atajaba el escándalo.

La realidad que los *carabinieri* habían encontrado en la villa de las afueras de Roma era bien distinta: Irene Lanzone y Carlo Fava —encapuchado aún— yacían muertos con tres disparos cada uno; Alessio Meldolesi, que sujetaba todavía la pistola entre los dedos rígidos, tenía un sólo orificio en la sien. Las autopsias y el informe de balística confirmaron lo que la evidencia mostraba. En un bolsillo del chaleco que vestía Fava se encontró un papel, escrito con la caligrafía de Meldolesi y manchado de restos de comida. Decía únicamente: «Los grandes camaradas lo son siempre en la guerra, y los grandes amantes en la adversidad».

Nikos Velakis

Cuenta una leyenda (narrada ya en diversas ocasiones por cronistas y fabuladores griegos de las dos últimas décadas) que el cuerpo que reposa en el monumento levantado al soldado desconocido en la Plaza Syndagma de Atenas no pertenece realmente a un anónimo soldado muerto en campaña, sino a la amante de Nikos Velakis, un joven de temperamento romántico que entre 1963 y 1965 formó parte del cuerpo de *evzones* que custodian la tumba.

Velakis, notablemente aficionado a la exclamación grave y a la grandilocuencia, le prometió a Marina Caidis —quien permanecía en su lecho postrada a causa de una enfermedad de dudoso origen— que cuando hubiera sanado la rescataría de aquel cuarto miserable y de aquella estrechez, y la alzaría a las cumbres del mundo, a un lugar de abundancia desde donde pudiera mirar al suelo con soberbia y disponer la admiración ajena.

Marina no sanó, pero él cumplió la promesa. Después de calmar su dolor con gestos tenebrosos y lamentaciones sombrías, tramó la profanación y sustituyó el cadáver. Una de las versiones añade al episodio dos crímenes y lo describe en medio de una fabulosa tormenta. El resto de los autores, menos expresionistas, relatan la suplantación sosegadamente, y casi sin excepción concluyen con una de las dos sentencias que, extraídas de la oración fúnebre de Pericles, adornan la sepultura: «Una cama vacía está preparada para los humildes».

Douglas F. Barney

A las 14:36 horas del día 17 de febrero de 1969, en la habitación 207 del New Glory Hotel de Tucson, Arizona, fue encontrado el cuerpo de Douglas F. Barney, que se había quitado la vida por ahorcamiento entre ocho y doce horas antes, según el dictamen del médico forense que levantó el cadáver. Barney, séptimo hijo de una familia humilde de Louisville, Kentucky, tenía veintitrés años, estaba casado y era padre de una niña a la que no había llegado a conocer. Para ahorcarse utilizó una soga de fibra de nailon. El cuerpo estaba desnudo y la habitación mostraba un perfecto orden. Al lado de unos sonetos manuscritos, sobre una mesa llena de papeles, se halló una extensa carta en la que Barney se confesaba responsable único de su muerte y explicaba minuciosamente las circunstancias que la habían precedido, cerrando así uno de los casos criminales más célebres de la historia de los Estados Unidos de América.

Barney fue detenido por primera vez a los doce años de edad, acusado de hurto. Entre 1957 y 1963, con dedicación profesional y modales de aficionado, cometió más de un centenar de pequeños robos, casi todos ellos resueltos felizmente. En enero de 1964, junto a uno de sus hermanos mayores, planeó un golpe ambicioso con el que esperaba obtener el dinero necesario para viajar a la costa oeste y fundar allí un negocio próspero que le permitiera vivir honradamente el resto de sus días. El asalto a la sucursal bancaria de Evansville, sin embargo, fue un fracaso: Douglas y su hermano, denunciados por mecanismos electrónicos de alarma, pusieron en libertad a los empleados y clientes que retenían y se entregaron sin resistencia a los agentes federales que habían rodeado el edificio. Cinco meses después un juez los condenaba a tres años de prisión.

En la cárcel Douglas recibió tratos inhumanos. Continuando una tradición sin origen cierto, los reclusos veteranos le sometieron a brutales pruebas de aprendizaje y adiestramiento. Fue apaleado sin piedad por desobedecer órdenes o por no complacer suficientemente la voluntad caprichosa de los caudillos más influyentes. Se le vejó y humilló hasta aniquilarle enteramente la dignidad y la conciencia humana. Durante la primera semana fue violado por dos docenas de reclusos que disfrutaban de privilegios establecidos en el comercio sexual de la prisión; luego, después del período primero de noviciado, se subastó su propiedad definitiva públicamente, quedando al fin bajo la protección y el dominio de un viejo irlandés que cumplía condena de cadena perpetua por asesinato.

Aquel sometimiento animal convirtió a

Douglas en un muchacho asustadizo y enfermo. Su equilibrio nervioso, según concluyen los informes del neurólogo y del psiquiatra que lo trataron en la cárcel, quedó irreversiblemente afectado. Comenzó a sufrir oscuras pesadillas en las que se soñaba a sí mismo hostigado por figuras bestiales que le sodomizaban hasta perforarle el vientre y le golpeaban luego hasta matarlo. Más tarde las imágenes del sueño comenzaron a extenderse en la vigilia; los monstruos perversos, entonces, le acosaron en las galerías, en el patio, en los corredores y en las duchas del penal. De repente, en cualquier lugar, se quedaba paralizado por el miedo, mirando fijamente un bulto invisible, y hacía un esfuerzo por retroceder en busca del amparo de un muro o de un mueble; permanecía quieto, acurrucado en el suelo y manchado de un sudor frío, hasta que la imagen se marchaba de sus ojos.

Douglas fue puesto en libertad seis meses antes de que concluyera su condena. Viajó a Louisville, donde seguían viviendo sus padres, y pasó allí, atendido por los mejores cuidados domésticos, el tiempo suficiente para recobrar la calma. En marzo de 1967 consiguió un empleo de comisionista en una compañía de Phoenix, Arizona, dedicada a la fabricación de mobiliario de oficina. El mismo día en que comenzaba a trabajar conoció en una hamburguesería a Barbara Link, una muchacha de diecinueve años con la que se casó dos semanas más tarde. Durante los siete meses y dieciocho días siguientes, en Phoenix, una extraña bonanza administró su vida.

El 11 de noviembre de 1967, dos días después de que el ginecólogo le anunciara a Barbara que estaba embarazada, Douglas viajó a Tucson para visitar al director de la Russell Library, quien planeaba sustituir los antiguos pupitres de la sala de lectura por otros nuevos. Durante el almuerzo discutieron algunas cláusulas económicas del contrato y acordaron los plazos de entrega y las responsabilidades de garantía. Luego recorrieron juntos la biblioteca hablando acerca de diversos aspectos de la ingeniería de diseño. Douglas, que no había sido adiestrado para esa clase de conversaciones, se limitó a anotar todas las sugerencias del director, prometiéndole que las transmitiría a los técnicos de la compañía para que las incorporaran al proyecto. Mientras caminaban hacia la salida, a las 18:50, Douglas vio por primera vez, sentada en un pupitre y consultando un libro, a Nancy Winwood, la mujer que habría de arruinar su vida.

Esa noche, de vuelta en Phoenix, soñó con deformes reptiles que acosaban a Nancy y le apretaban luego el cuello hasta estrangularla. Se despertó gritando aterrorizado. Barbara, que conocía bien sus crisis nerviosas, le dio un calmante y telefoneó a la oficina para advertir que no iría a trabajar. A media tarde Douglas abrió los ojos y vio, recortada en la oscuridad del dormitorio, como una figura más de sus sueños, la imagen formidable de Nancy Winwood. Extraviado en su locura, se vistió con prisa y le dijo a Barbara que debía regresar a Tucson urgentemente para corregir algunos apartados del contrato. Barbara, inutilmente, trató de retenerle. Aquella noche, ya de madrugada, Douglas se alojó por primera vez en la habitación 207 del New Glory Hotel.

Cuando volvió a la biblioteca, al día siguiente, Nancy estaba en el mismo pupitre de la sala de lectura. Se sentó detrás de ella y empleó la mañana en contemplarle la nuca. A mediodía, forzando su voluntad para lograr separarse de aquel bulto de luz que le paralizaba, se levantó de su asiento y salió a la calle. Desde un teléfono público llamó a su jefe para anunciarle la firma del contrato de la Russell Library y presentar su dimisión como comisionista de la compañía. Luego telefoneó a su mujer para pedirle el divorcio. No le dio explicaciones ni dejó ninguna dirección. Comió en una cafetería y regresó a la biblioteca a las 15:46. Nancy Winwood seguía allí.

Esa noche, en sus sueños, se le aparecieron imágenes de monstruos que ardían. Aunque no pudo escucharlo, vio que sus gargantas pronunciaban un alboroto de alaridos aterrados mientras el fuego iba consumiéndoles las escamas hasta dejar sólo, cuando amanecía ya, un paisaje recto de cenizas.

Douglas volvió a la biblioteca cada uno de los cuatrocientos sesenta días siguientes. Se sentaba siempre en el mismo pupitre, a la espalda de

Nancy, y ocupaba las horas en contemplarle la nuca, el cuello y el nacimiento de los hombros, mientras fingía hacer anotaciones en un papel cuadriculado u hojeaba volúmenes cuyos títulos había seleccionado al azar. Douglas, que apenas había aprendido a leer en la escuela de Louisville a la que asistió durante cuatro años, entre 1953 y 1957, tuvo allí noticia de la Historia de los Estados Unidos de América. Leyó relatos novelados de la Guerra de Secesión y algunas biografías de presidentes relevantes. Conoció las civilizaciones occidentales clásicas y las guerras religiosas del Medioevo. Contempló con admiración láminas que reproducían fachadas de Bernini, esculturas desnudas de Buonarroti y lienzos de Botticelli. Supo de las revueltas que agitaron Europa en los ochocientos, y estudió las doctrinas que en el último siglo habían combatido el cristianismo desde los territorios estéticos del pensamiento.

En junio de 1968, sin dejar de mirar la nuca inmóvil de Nancy Winwood, descubrió la gramática, la astrología y la literatura. Leyó tratados retóricos, comentarios críticos eruditos, cosmogonías imaginarias, novelas de caballería, apologías y noticias, crónicas de viajes, sistemas pseudo–filosóficos, textos pseudo–científicos y ficciones naturalistas. Conoció a Shakespeare, a Homero, a Dostoievski y a Schiller. Leyó versos y aprendió a escribirlos. Allí, desde el pupitre escondido por la oscuridad de la biblioteca, mirando el pelo negro y delgado de Nancy Winwood, compuso poemas rimados sobre la desdicha de amor. Algunos de ellos fueron encontrados sobre la mesa de su habitación del New Glory Hotel.

Douglas nunca habló con Nancy Winwood. Se soñaba a sí mismo como una bestia desfigurada que intentaba profanar la carne de un ídolo con forma de mujer. Jamás, sin embargo, se atrevió en sus sueños a consumar el crimen. Espantado quizá por el tamaño de su codicia, el monstruo que le prestaba el cuerpo miraba a la mujer, desnuda y vuelta, extendía los brazos hacia ella y lloraba luego hasta caer muerto.

El tiempo se fue prolongando más allá del tiempo sin que nada, salvo el amor, sucediera. Cada día, desde la mañana hasta la noche, Douglas admiraba en la Russell Library la belleza inalcanzable de una mujer cuyo nombre mismo desconocía. Luego, cuando cerraban la biblioteca, la seguía insensatamente hasta su casa y permanecía allí durante horas, contemplando desde el otro lado de la avenida los movimientos de las sombras detrás de las ventanas. De madrugada regresaba al hotel, y a veces dormía.

Durante octubre y noviembre Douglas recobró la enfermedad irremediable y crispada que había contraído en la cárcel. Donna Harrington, que regentaba entonces el New Glory Hotel, declaró a la policía que varias noches había tenido que avisar apresuradamente a un médico para que le atendiera. Lo encontraban siempre bocarriba, gritando y con los párpados hinchados por un color azul ennegrecido. En el cuerpo, desnudo y recubierto de sudor, le brillaban franjas de luz que poco a poco, después de que le inyectaran un calmante, iban posándosele sosegadamente en el vientre y en las piernas mientras él, resoplando un último terror, se adormecía encogido. Ni una sola mañana, sin embargo, dejó de levantarse para ir a la Russell Library.

El 7 de diciembre, cuatro días antes de que comenzaran los asesinatos de Tucson, Douglas recuperó las apariencias de la calma y la salud. En la madrugada anterior, según confesaba en su declaración escrita, comprendió que había destruido su vida por una mujer y decidió matarla. Fue en aquellos días cuando comenzó a hablar incoherentemente —a los recepcionistas del hotel, a las mujeres encargadas de la limpieza de las habitaciones o a los empleados de la biblioteca— de la policía federal, de las prisiones del Estado, de los regímenes penitenciarios y de crímenes perfectos.

Tramó el plan en la madrugada del 8 de diciembre. Si Nancy Winwood moría asesinada, todos los indicios acabarían conduciendo hasta él: él la amaba, la vigilaba cada día en la biblioteca, la seguía después hasta su casa. Lo detendrían, lo acusarían y lo condenarían a una pena de cadena perpetua. Volvería a convivir con monstruos sodomitas y a dormir en jergones infestados de ratas. «Era preciso matar —escribió Douglas—, pero era también preciso no morir». Debía desquiciar los móviles y desbaratar las pistas. Encontró pronto la manera: un rastro de cadáveres que cubrieran el cadáver real, el necesario, el de Nancy Winwood. Si eran asesinadas cinco, diez, cien mujeres, nadie podría conocer cuál era la culpa que pagaban. Cada una tendría un amante secreto o un negocio de amores improbables. Cada una tendría una razón para morir. Serían cinco, diez, cien razones distintas para matar. No podría averiguarse nunca cuáles eran las fingidas y cuál la verdadera.

El 11 de diciembre cometió el primer crimen. Durante más de dos meses, sin pausa, asesinó a treinta y siete mujeres. Después de seguir a Nancy hasta su casa, y de gastar unos minutos soñándola detrás de las ventanas, caminaba sin rumbo cierto por las calles de Tucson, al acecho de una víctima. Cuando por fin encontraba a una mujer solitaria, se acercaba a ella por detrás, y, después de asegurarse de que no le observaba nadie, le pasaba un sedal fino por el cuello y apretaba hasta rajarle la carne. Luego buscaba otra mujer, la seguía, la estrangulaba. Tucson se fue convirtiendo en un hacinamiento de cadáveres. Los periódicos extendieron el terror y las calles se despoblaron de mujeres. Tuvo que entrar entonces en las casas, arrastrarse por los corredores, asesinarlas en las alcobas.

Su memoria perdió la cuenta de los crímenes. Acabó olvidando la razón de su vileza, y suavemente se dejó caer en la monotonía cada vez más dulce de matar. En aquella infamia encontró la identidad perfecta de su amor, la manera única de ser reconocible en la existencia de Nancy Winwood. «Entonces comprendí —escribió— que lo que realmente había estado buscando era un modo de pertenecer a su vida indeleblemente. Y si no había sido digno de amarla, tendría que aceptar entonces la indignidad de asesinarla. No había más formas de ser un hecho singular en su existencia.»

Ese crimen, sin embargo, la muerte por la que habían sido ordenadas treinta y siete muertes más, no se cometió nunca. El 16 de febrero de 1969, como cada día, Douglas fue a la Russell Library. A las 14:02 salió a comer, y regresó a las 14:45. Aquella tarde pidió un tratado de medicina que apenas hojeó. A las 21:00, siguiendo a Nancy Winwood, abandonó la biblioteca. Recorrió tras ella las calles habituales, y, poco antes de llegar a su casa, con una decisión desordenada, sujetó el sedal en la mano derecha y apretó el paso para alcanzarla. Ella escuchó las pisadas y se volvió con miedo, pero al ver allí a Douglas, que se había detenido y la miraba asustado, recobró la tranquilidad y le sonrió con una confianza sin bordes. Douglas leyó en sus ojos la ternura, y supo reconocer a tiempo que aquel crimen exigía una grandeza y una majestad que él nunca había tenido. «Incluso matarla —pensó— es un empeño de héroes.» Como los monstruos de sus sueños, extendió los brazos al vacío y la dejó marchar. Algunas horas más tarde, entre las 2:30 y las 6:30 de la madrugada, se quitó la vida ahorcándose en su habitación del New Glory Hotel. Antes había redactado una extensa confesión que terminaba así: «Me miró como si tratara de medir el tamaño de mi desamparo. No habría servido de nada matarla: ella nunca hubiera admitido luego que era yo quien lo había hecho».

Ilona Piasecki

A lo largo de la Edad Media numerosas herejías acompañaron la expansión del cristianismo por Europa. Un sinnúmero de miserables iluminados y de teólogos autodidactas acaudillaron muchedumbres descontentas que estaban dispuestas a favorecer cualquier causa y a profesar cualquier doctrina para alcanzar el Reino de los Cielos. El continente se pobló súbitamente de profetas, de intérpretes divinos y de taumaturgos. Sus prosélitos, legos y hambrientos, se dejaban quemar arrogantemente, sin avenirse a conciliación o a enmienda, para amparar su fe de las impurezas de la ortodoxia, cuyos apóstoles los perseguían y los ejecutaban. Las crónicas de la época, que describen con colorida expresividad la tortura de los cuerpos y la incineración de las almas, refieren también cómo aquellos mártires enajenados se arrepentían justo en el último momento de sus vidas, después de que una nube de azufre, desalojada por efecto de las llamas, se les escapase de la carne. No debe darse crédito, sin embargo, a testimonios que por un exceso de celo se excusaron de mirar a los ojos de los reos, temiendo hallar en ellos las pupilas rojas del Maligno.

La Iglesia, cuyos jerarcas estaban entregados a apetitos terrenales de dudosa probidad, no se esmeró en la didáctica, sino en el exterminio. Conducida por simones y por nicolases —quienes en sínodos y concilios reclamaban el rigor de los Sagrados Textos— tardó varios siglos en extirpar la impiedad de su propio cuerpo. Al cabo, poco a poco dejaron de escucharse voces apóstatas y de prenderse hogueras. El disparate de los dementes dejó lugar al dogma de los teólogos, y las revueltas populares se convirtieron en disputas universitarias. En el siglo XVI no se discutían ya los predicamentos de Cristo, sino las hermeneúticas distintas y los diversos métodos filológicos que los trataban.

Algunas de aquellas doctrinas tribales sobrevivieron al exterminio. Europa se llenó de catacumbas nuevas y de cultos clandestinos. Las enseñanzas se fueron transmitiendo sigilosamente de generación en generación entre gente de la misma sangre. No quedaron documentos, pues los tribunales de la fe continuaban acechando la desviación y castigándola severamente. Para nada servían ya la jactancia y el ruido, salvo para el provecho de los lacayos papales. Los herejes supervivientes se convencieron de que sus creencias sólo durarían mientras durase su estirpe.

El linaje de los mavenistas, representado por una familia de campesinos polacos, perduró hasta los primeros años del siglo XX. Había comenzado a mediados del XIII en el Piamonte italiano, donde

Franco Mavene logró reunir más de mil discípulos harapientos, uno de los cuales fue sin duda el primer antepasado ilustre —aunque de nombre olvidado por la Historia— de Ilona Piasecki, quien en 1912, en una aldea de la región de Cracovia, dio muerte a sus padres y a sus tres hermanos para poder seguir amando a Cristo.

Apoyándose en una lectura audaz de un evangelio apócrifo, Franco Mavene sostuvo, con convicción admirable, que no fue Cristo quien murió en la Cruz, sino un impostor con quien lo confundieron y a quien ajusticiaron equivocadamente. El Hijo de Dios, víctima de un desafortunado traspapeleo de mesías, habría seguido durante todos aquellos siglos encarnado en hombre y predicando por el mundo el Evangelio. La redención por la que vino, sin embargo, exigía su muerte. No se consumaría mientras el sacrificio de su sangre no expiara los pecados humanos. La magnífica tarea del cristiano de fe, pues, era aquélla: hallar al Cristo vivo para crucificarlo. Franco Mavene dedicó toda su vida a ello. A los treinta y tres años, reo de herejía, fue condenado a morir en la hoguera junto a sus más fieles discípulos. Pero su doctrina ya había alimentado la posteridad.

La genealogía de los Piasecki era oscura. Sus primeros antepasados, que durante el siglo XIII vivieron probablemente en el Piamonte compartiendo las correrías de Mavene, habrían huido hacia el norte después de la ejecución de su caudillo. Quizá varias generaciones posteriores anduvieron errantes por Centroeuropa en busca del Redentor perdido. En algún momento, sin embargo, la estirpe se detuvo en una tierra y decidió esperar. La memoria de los Piasecki no recordaba ningún lugar distinto a aquel en que habitaban. Había llegado hasta ellos, cruzando siglos y países, la noticia de la fe de sus antepasados, pero apenas conocían nada de sus exilios y sus aventuras.

Como sus padres y sus abuelos, no buscaban ya al Mesías. Les habían enseñado bien a resignar el alma: habrían de morir con el pecado original, que nadie había limpiado todavía. Su vida, como la historia de su raza, estaba manchada de fatalidad. Crecían esperando, y engendraban hijos para que esperaran luego.

Ilona Piasecki era la mayor de cuatro hermanos, y la única hembra. De naturaleza reservada y meditabunda, a los veintinueve años aún no había tomado marido. Ayudaba a su madre en las faenas domésticas, y luego, antes de que cayera el sol, marchaba al campo para acarrear canastos o dar de comer a las bestias; volvía a casa con los varones, cenaba unos dulces y se acostaba. El día en que Bruno Zilahy llegó a la aldea y llamó a la puerta de los Piasecki, ella ya dormía.

Bruno Zilahy tenía una edad incierta entre los treinta y los cincuenta años. La melena desgreñada y la barba abundante le tapaban el rostro. Se alimentaba de agua y de pan duro. Vestía una saya de cáñamo deshilachada y rota y caminaba descalzo. Apenas hablaba. Miraba al cielo y farfullaba luego palabras cuyo sonido semejaba una refriega de metales. Sus ojos, ensanchados siempre como si admiraran, parecían mirar hacia adentro, al interior de sus propios recuerdos.

En la noche del 27 de noviembre de 1911 Bronislas Piasecki lo encontró sin sentido delante de su casa. Ayudado por sus hijos, lo llevó a la cocina y lo reanimó. Le ofrecieron las sobras de los guisos de la cena y una frasca de leche, pero él sólo quiso aceptar algunos pedazos de pan duro y unos sorbos de agua. Piasecki le preguntó cuál era su nombre y de dónde venía. Él miró hacia el cielo y rezongó groseramente: sólo pudieron entender que se llamaba Bruno.

Aquella noche Zilahy subió al cuarto de Ilona y la conoció carnalmente. Ella gritó una sola vez. Luego, domeñada por la ternura que iba extendiéndose en sus tripas, se abandonó. El desconocido engendró un hijo en su vientre y después se apartó a un lado del camastro para descansar. Ilona, poseída por una exaltación gozosa, pasó el resto de la noche mirando cómo dormía. Al amanecer, cuando el sol entró en el tragaluz, vio el rostro de aquel hombre y reconoció a Cristo. Le besó los labios y le destapó el cuerpo desnudo para admirarlo.

Bronislas Piasecki dio a Zilahy casa, comida y trabajo, y le entregó a su hija. Durante el primer mes lo trató con camaradería familiar: intentó enseñarle las costumbres de la tierra, y quiso conocer cuál era su patria y a quién había dejado en ella.

Pero comprendió enseguida que a Zilahy sólo le preocupaba el color del cielo. Se habituó a encontrarlo en la casa o en los campos y a ignorarlo siempre. Ilona tampoco hablaba de él ni le dirigía la palabra delante de extraños. Los Piasecki llegaron a creer, en la soledad de sus desvelos, que aquel hombre no existía, que lo habían inventado en sueños.

Ilona dio a luz un niño y volvió a quedar encinta. Era agosto de 1912. El primero de septiembre Wladislaw Piasecki, el hijo menor, volvió del campo antes que su padre y sus hermanos. Desde lejos reconoció a Zilahy junto a un costado de la casa. Cuando estuvo más cerca de él lo vio agacharse, extender una mano y hacer dibujos en la arena. Zilahy se levantó, reparó en él y lo miró. Por primera vez miró hacia afuera, hacia el hombre que lo observaba. Luego removió la arena con el pie y se marchó. Wladislaw volvió corriendo al campo y le dijo a su padre: «Ese hombre es Cristo». Lo repitió hasta que le creyeron.

Fue apresado esa misma noche. Ilona, que había salido a hacer algunas compras, regresó justo en el momento en que sus tres hermanos lo sujetaban por los brazos y lo empujaban adentro. Se le enflaqueció la respiración y cayó desmayada sin que nadie la viera. Cuando despertó, casi una hora después, comenzó a dar gritos y a rajarse los vestidos. No logró, sin embargo, la piedad que esperaba. Su madre decía: «Es Cristo». Y su padre: «Debemos matarlo». Al niño también lo mataron:

Wladislaw lo ahogó con una sábana y lo enterró después en la trasera de la casa. Mientras, sus dos hermanos acudieron a buscar, en un bosque del noroeste, a seis kilómetros de la aldea, dos troncos para fabricar la Cruz.

A Zilahy lo trataron con la devoción que merecía. Le besaron las manos y le lavaron los pies. Antes de coronarle con espinas le refrescaron la frente. Ilona intentó palparle los muslos y desnudarle el pecho, pero la apartaron de él. Repetía a voces que lo amaba. Se abrazaba a su madre y le exigía clemencia. Su madre solamente decía: «Es Cristo».

Zilahy no protestó. Se dejó atar las manos y los pies, y aceptó dócilmente que le quitaran la saya para vestirle el vientre y el sexo con la sábana santa. Cuando los muchachos volvieron del bosque, soportó con frialdad el ruido de las sierras y los clavos. Tampoco se afectó al ver cómo Ilona apuñalaba a su madre y a Wladislaw, que rezaban arrodillados junto a él. Impasible aún, la vio salir hacia el granero, donde su padre y sus hermanos clavaban la cruz. Después, al escuchar el tercero de los golpes secos y sentir los pasos de su esposa regresando, cerró los ojos y se quedó dormido.

Sergei Fiodorevich

Empleando una imagen suficientemente expresiva, Cristo anuncia en los Evangelios (Mt. 19, 24; Mc. 10, 25; Lc. 18, 25) la malaventura de los poderosos: encontrar a un rico en el Reino de los Cielos después de celebrado el Juicio Final, dice, será tan improbable como improbable es contemplar a un camello atravesando el ojo de una aguja.

Los pobres, que aplaudieron esta excomunión pública y concluyente, quedaron sin duda insatisfechos con el plazo establecido para su consumación: el Final de los Tiempos aún habría de demorarse demasiado. Crearon entonces, a lo largo de generaciones cada vez más resentidas por su propia estrechez, el anatema pagano del desamor y la infelicidad, cuyos espacio y tiempo de aplicación y vigencia son los mismos de la existencia humana: los ricos no aman ni son amados; logran fama y poseen objetos, pero son privados de la ternura; ostentan, se exhiben y se engríen, pero están solos. Banqueros, magnates, aristócratas opulentos, terratenientes rentistas, gángsters afortunados y artistas triunfadores son víctimas propicias de esta enfermedad. Como afirman no pocas canciones ligeras de éxito, descuidan su corazón mientras atienden su patrimonio. No aman: se encaprichan; no se esposan: se adquieren.

Sergei Fiodorevich, que probablemente no habrá alcanzado ni alcanzará nunca el Reino de los Cielos, sí conoció, sin embargo, a pesar de su incalculable fortuna terrenal, el paraíso humano, llegando a intentar incluso la proeza de que su amor, como camello que atraviesa el ojo de una aguja, le sobreviviera y siguiera obrando más allá (o más acá) del dominio de su propio cuerpo descompuesto.

Nacido en noviembre de 1912, contaba apenas cinco años cuando su familia escapó precipitadamente de Petrogrado ante el acoso de las tropas proletarias. Su padre, pariente lejano del Zar Nicolás, no se recobró nunca de aquella humillación: ocho meses después murió en Budapest, aquejado de un mal de melancolía y rabia. Sergei, su madre y los diecinueve sirvientes que les habían acompañado en la huida permanecieron allí un año más a la espera de que la pesadilla bolchevique concluyera. Después, en pesada caravana, iniciaron un inacabable viaje a través de Europa en busca de una tierra prometida. Duró nueve años. Al cabo, la madre de Sergei murió también sin haber vuelto a ver los palacios familiares y las llanuras rusas que tanto añoraba. El muchacho, que tenía ya dieciséis años, despidió a los trece criados que quedaban a su servicio, vendió los lujosos muebles, las obras de arte y las joyas que su madre había acarreado de ciudad en ciudad y se embarcó en un trasatlántico francés que viajaba a los Estados Unidos de América. En la madrugada del 24 de enero de 1929, Sergei Fiodorevich, extraviado y solo en el mundo, vio desde la cubierta del barco las primeras luces de Manhattan, y lloró de emoción, como lloraba siempre al llegar a una ciudad desconocida.

En el primer año, mientras los hombres de Wall Street se destripaban contra las aceras, Sergei logró multiplicar por tres su pequeño capital. En los dos años siguientes lo multiplicó por diez. Luego perdió la cuenta de sus ganancias. En 1967, cuando murió, era dueño de una de las fortunas más grandes del mundo, calculada parcialmente en cinco mil millones de dólares.

Conoció a Louise Nassiter en el invierno de 1946, en California, donde pasaba largas temporadas administrando setecientas cabezas de ganado y un rancho abandonado que había comprado a precio de liquidación a los herederos de un viejo colono. Ella, hija de un industrial arruinado y alcohólico, tenía doce años menos que él y estudiaba Antropología en la Universidad de San Diego. Por las noches trabajaba como camarera en el *Shaffeston Guy*, un restaurante de lujo en el que Sergei Fiodorevich reunió a sus abogados de Nueva York para despachar un asunto urgente.

El primer regalo que le hizo, cinco noches después, no fue, quebrantando la convención, un collar de perlas o una pulsera de diamantes, sino una avioneta privada con un piloto contratado para su servicio personal. «Mañana —le dijo— no podré venir a cenar al *Shaffeston*, pero me moriré si no puedo verte. Estaré en el aeropuerto de Denver a medianoche.» Tres meses después se casaron en Nueva York.

Después de su madre y de una criada armenia que a los trece años le había mostrado los laberintos de la lujuria, Louise fue la primera mujer en entrar en la vida de Sergei Fiodorevich. Ya nunca salió. Juntos, y sin dejar de amarse con la misma voluntad irrazonable del principio, conocieron los días largos de Alaska, el abandono hermoso de baratos moteles de carretera, la quietud amarilla de las colinas californianas, el lujo extravagante de algunos clubs nocturnos de Nueva York, el servilismo cínico de los amigos y el servilismo hipócrita de los vasallos, la destrucción de fuera, el caos que los trasterraba. La noche de su vigésimo aniversario fueron a cenar al *Shaffeston Guy*. Después de los postres Louise le miró a los ojos y dijo: «Por fortuna aún no he comprendido quién eres realmente». Luego se rió, mientras él se inclinaba para besarla.

Un mes después los médicos encontraron en el cuerpo de Sergei un cáncer inatajable. Le dieron entre nueve meses y un año de vida. Al recibir la noticia sólo se le ocurrió preguntar: «¿Qué será de Louise?» El doctor Ritsey le respondió discretamente: «La deja usted en una situación envidiable. No le faltará nada». Él, que pensaba en voz alta, continuó: «Pero creo que ella únicamente quiere a Sergei Fiodorevich». El doctor procuró aliviar la crueldad con vacilaciones de voz: «Eso no podrá tenerlo. La vida propia es lo único que no podemos dejar en herencia».

Antes de salir del hospital, Fiodorevich ya había hallado el modo de dejar en herencia su propia vida, el único patrimonio que Louise deseaba. Si su amor por ella era tal como siempre lo había imaginado, no podía cometer ahora la vileza de abandonarla: Louise no necesitaba sus apartamentos de Manhattan, sus ranchos, sus valores mobiliarios, sus cuentas bancarias, sus presidencias de consejos, sus cabezas de ganado o sus colecciones de arte, sino a Sergei Fiodorevich, al hombre que desde un cuerpo separado del suyo le había levantado la piel con los labios y le había ido inventando, a lo largo de veinte años, los recuerdos. Ella lo amaba como él la amaba a ella, y nada fuera de aquel amor tenía existencia. Nada fuera de aquel amor evitaría el daño.

Fiodorevich puso los negocios en manos de sus hombres de confianza y eligió de entre ellos al mejor para encomendarle la dirección de su plan, que habría de conducirse con absoluta reserva: sólo ellos dos sabrían que otro hombre, a quien había que encontrar primero y crear después, suplantaría al verdadero Sergei Fiodorevich cuando éste muriera. Nadie conocería su enfermedad ni sería testigo de su agonía. Para el resto del mundo, él no moriría hasta que el impostor muriese.

Para encontrar a alguien cuya semejanza física consintiera la falsificación, emplearon todos los medios imaginables: anuncios en los periódicos más importantes de cada estado, ficheros fotográficos de agencias de modelos y de representantes artísticos, cedularios de escuelas y universidades, registros de clubs privados, archivos de fotógrafos, censos oficiales. Solomon Capri, el lugarteniente de Sergei, examinó varios miles de rostros antes de hallar el que buscaba: al cabo de cuarenta y siete días y cuarenta y siete noches, en el archivo policial de una localidad de Nueva Jersey, encontró al doble perfecto de Fiodorevich. Se llamaba Stephen Ryan, tenía cincuenta y un años y medía dos centímetros menos que Sergei. Había sido detenido en 1959 bajo la acusación de robo a mano armada, delito por el que cumplió una condena de dos años de prisión. Su expediente añadía algunas denuncias de proxenetismo que nunca pudieron probarse. En la actualidad trabajaba en un almacén de alcoholes de Trenton, cerca de Nueva York.

Aunque sin duda hubiera preferido vérselas con un individuo de educación más cuidada y de mejores costumbres, a Capri no le descorazonó la biografía descarriada de Stephen Ryan, el hombre al que en un plazo de siete meses debía convertir, empleando ingenios y destrezas de Pigmalion, en una copia perfecta de Sergei Fiodorevich. Ryan, incrédulo al principio y desconcertado después, terminó aceptando todas las condiciones y exigencias que le proponían. Se despidió de su trabajo y abandonó a una mujer llena de varices con la que estaba amancebado. Luego, dos matones pagados por Solomon Capri consiguieron un cadáver reciente, lo desfiguraron y pusieron en sus bolsillos los documentos que probarían que Stephen Ryan había muerto en circunstancias extrañas. Desde entonces hasta que Fiodorevich muriera, él no existiría: sería solamente una sombra que está educándose para nacer.

Hubo que enseñarle todo. Capri contrató a los mejores maestros de cada disciplina sin regatear gratificaciones y estímulos. Alquiló un edificio de cuatro plantas en las afueras de Los Ángeles y encerró allí a Ryan, a trece sabios y a quince empleados para atenderlos. Uno de ellos, doctor en medicina, fue encargado de procurar la máxima disposición física e intelectual del aprendiz de magnate: rigurosas dietas alimenticias y drogas sofisticadas le estorbaban el sueño y le desenmarañaban la inteligencia. Para Ryan y para Solomon Capri, que lo custodiaba en todo momento y vigilaba sus progresos, aquellos meses fueron un único día largo que no consentía el reposo, una carrera de fondo en la que el atleta va olvidando los paisajes que atraviesa y se deja invadir suavemente por la insensibilidad, por la quietud de la prisa.

Un mayordomo que había servido durante once años en la Casa Real Belga instruyó a Ryan en los hábitos de comportamiento de la alta sociedad norteamericana: le enseñó a vestirse correctamente, a manejar los cubiertos en la mesa, a conversar de temas intrascendentes, a saludar a los caballeros y rendir homenaje a las damas, a desaprobar cortésmente las apreciaciones molestas de las gentes respetables y a moverse con naturalidad, en suma, por un salón lleno de huéspedes etiquetados.

A un profesor de lengua inglesa de la Universidad de Harvard se le encomendó la tarea más ardua: lograr que Ryan hablara como un americano culto. Un calígrafo y un grafólogo se encargaron, por su parte, de que su escritura se asemejara a la de Fiodorevich. Ni uno ni otro aprendizaje se cumplieron a la perfección, pero bastaron para resolver la apariencia necesaria.

Se le impartieron cursos de Finanzas, de Economía Internacional y de Administración de Empresas. Visitó las fábricas y las oficinas de los negocios de Fiodorevich, y fue informado de los cometidos que tendría que desempeñar en cada uno de ellos. Informes, fotografías, recortes de prensa y montajes de vídeo le pusieron al corriente de quiénes eran y cómo actuaban —profesional, pública, privadamente— los amigos con los que tendría que trabajar y los enemigos a los que debería destruir.

Recibió clases de ruso hasta que su conocimiento escaso comenzaba a confundirse ya con el recuerdo vago y torpe de Fiodorevich. Fiodorevich, por su parte, pasaba con él dos o tres horas cada día hablándole ordenadamente de los soldados rojos, de los olores de la nieve en Petrogrado, de los hoteles de Europa, de su madre muerta, del viaje a los Estados Unidos, de sus primeros años en Nueva York, del imperio que fue alzándose entre las palmas de sus manos. De Louise le habló con la misma ternura que empleaba para imaginarla. Acometió la gigantesca empresa de no olvidar nada: los lugares que conocieron, las fechas, las ropas, las palabras que dijeron, las ausencias, las canciones, las cartas escritas, los regalos, los proyectos, las formas de hacer el amor, de besarse en los ojos, de revolverse a oscuras y aquietarse juntos. En un avión particular, acompañados por los profesores de idiomas, por los expertos financieros, por el médico y por Capri, viajaron juntos a la Unión Soviética, a Europa y a Sudamérica; se hospedaron en los mismos hoteles, cenaron en los mismos restaurantes, los mismos platos, los mismos vinos y champañas, visitaron los lugares que Sergei y Louise habían visitado, las calles por las que habían pasado, los comercios en los que habían comprado ropas o recuerdos.

Stephen Ryan aprendió los deportes que Fiodorevich practicaba, vio las películas que él había visto, leyó los libros que él había leído y aprendió a amar la música —las sinfonías, los movimientos de una sinfonía, los pasajes de un movimiento— que él amaba. Su identidad de descargador de camiones y de chulo de prostíbulo barato se fue disolviendo en la identidad de Sergei Fiodorevich como un cubito blanco de azúcar dentro de un océano de agua caliente. Apenas recordaba ya quién había sido antes de aquella impostura. A veces podía entrever aún, en un área de memoria vulnerable y tibia, colores imprecisos de barracones, rostros de presidiarios que sangraban, trozos de ropa sucia, varices azules en los muslos abiertos de una mujer, callejones con basura, la viscosidad del pus, la podredumbre de unos dientes infestados de caries y de resentimiento. Pero Fiodorevich se estaba muriendo cada vez más deprisa, y cada vez más deprisa había que continuar olvidando.

Allí donde no era posible imitar con la copia el original, fue preciso que el original se acercara a las formas de la copia. Fiodorevich tuvo que modificar, en ocasiones de modo extravagante, las conductas que Ryan no había conseguido aprender correctamente. Con divertida ostentación, comenzó a expresarse en un delicado estilo ramplón que trataba de parecerse al idioma descuidado y revuelto de su falsificación humana. Empezó a fingir también frecuentes pérdidas de memoria, que le podrían ser útiles en el futuro a Ryan para justificar sus ignorancias. Simuló, por último, una súbita preocupación por su salud física: dos entrenadores le ayudaron, en tres meses de dolorosos esfuerzos, a conseguir una musculatura semejante a la que habría de quedarle a su cuerpo cuando él muriera.

Donde ni el modelo ni la réplica podían aproximarse uno al otro, hubo que aniquilar la diferencia. Fiodorevich, a la vista de siete testigos, se quemó las yemas de los dedos de ambas manos. Pocos días después le fueron quemadas a Ryan.

Sus huellas habían sido diferentes, pero sus cicatrices eran idénticas.

La cirugía y la cosmética se encargaron, por fin, de falsear los cuerpos hasta equivocarlos. Se examinó minuciosamente todo aquello que pudiera denunciar la suplantación: la extensión de la calvicie, la profundidad de las arrugas, las manchas y los lunares de la piel, el tamaño de los genitales, la forma de las uñas, el vello del vientre o de las piernas, el dibujo del ombligo, el timbre de la voz, el color de los ojos, la separación de las tetillas, la dureza del esternón. Louise conocía el cuerpo desnudo de Fiodorevich con la exactitud científica de los amantes: no deberían quedar grietas, debilidades de moldeado o imprecisiones arquitectónicas que ella pudiera reconocer. Hasta la última papila de la lengua debería moverse igual cuando besara. Se cortó, se amputó, se extirpó, se coloreó o se decoloró, se añadió, se corrigió y se maquilló, y al final la gran obra, la reproducción en carne de la carne reproducida, fue maestra. Como una broma de muchachos, Fiodorevich y Ryan, vestidos con las mismas ropas, le pidieron a Solomon Capri que los distinguiera. Capri señaló a uno de ellos: «Usted es mi jefe», dijo. Respondió el que no había sido señalado: «Te equivocas por poco tiempo. Pronto lo será, pero de momento sigo siéndolo yo».

Cuando se cumplía el décimo mes, Sergei tuvo los primeros vómitos de sangre. Esa misma noche convenció a Louise para que se tomara unas vacaciones largas en Europa. El avión privado de

Fiodorevich estaba listo para partir tres días después. Fueron juntos hasta el aeropuerto y se despidieron al pie de la escalerilla. Él, que apenas tenía voz, le sujetó una mano y le suplicó: «Dime que sabes cuánto te he querido siempre». Louise se echó a reír y lo trató como a un chiquillo. Luego se dio cuenta de que estaba llorando. «¿Qué sucede?», preguntó. «¿Quieres que me quede contigo?» Fiodorevich se asustó: «No es nada», dijo. Y repitió: «No es nada. Sólo la tristeza de separarme de ti por tanto tiempo». Ella volvió a reírse y le besó. Fiodorevich dijo, mientras Louise subía la escalerilla: «Cuídate mucho». Luego levantó una mano para estar más cerca del avión, que comenzaba a alzarse y a desaparecer definitivamente. Murió cuatro días más tarde, de madrugada. Capri, como le había sido ordenado, hizo desaparecer el cadáver en el fondo del mar.

Stephen Ryan, el hombre que había costado doce millones y medio de dólares, condujo admirablemente sus negocios, ganó campeonatos de golf, y con su cordura y su gentileza conquistó el reconocimiento de los caballeros y el afecto de las damas, pero no amó a Louise Nassiter. Antes de que ella regresara de Europa —tal vez ya antes de que Fiodorevich muriera, quizás incluso desde la tarde misma en que Solomon Capri lo encontró en Trenton—, decidió matarla. Una mujer a la que no amaba ni podría llegar a amar nunca, estorbaría la libertad de la que por primera vez en su vida disfrutaba. Miles de millones de dólares, mansiones, hoteles de lujo, coches de seis puertas, sirvientes, admiración y respeto, fama, poder: todo lo que Ryan había heredado por una mujer con la que nunca había hablado y a la que estaba obligado a idolatrar y a hacer feliz. Al vender su alma al diablo lo había estafado: se había dejado arrancar los recuerdos y la suciedad del cuerpo a cambio de unos recuerdos distintos, de una fortuna incalculable y de una promesa que no iba a cumplir.

No se conformó con destruir la gran obra de Fiodorevich, la impostura: destruyó también su memoria. Antes de matarla trató a Louise con desdén, casi con asco, y le habló del pasado —que tan bien había aprendido— de una manera nueva: todo había sido ficción, engaño, agravio planeado: él había inventado aquella ternura para probarse a sí mismo que los seres humanos aceptan vivir a cualquier precio. Le dijo: «Desde que te conocí he tenido náuseas», y luego disparó. Dejó que ella muriera creyendo que Sergei Fiodorevich no la había amado nunca. La impostura no estuvo, como Fiodorevich quiso, después de su muerte: Ryan logró que estuviera antes.

Stephen Ryan vivió aún diecinueve años, pero no acabó de comprender nunca por qué le había dicho todo aquello a Louise Nassiter antes de matarla. Con el tiempo, sin embargo, llegó a imaginar que no había mentido. Se casó de nuevo poco después de quedar viudo y tuvo un hijo. Fue envejeciendo en diferentes vidas: la suya de Trenton, la del hombre a quien suplantaba y la que había inventado él mismo para justificar un crimen. El 3 de junio de 1986, delirando mientras agonizaba, le habló a Stephen Fiodorevich, su hijo, del olor de la nieve en Petrogrado y de los palacios que bordean el Danubio en Budapest. Luego cerró los ojos y atravesó definitivamente el ojo de una aguja.

Ismael Sjowall (*Final*)

Ismael Sjowall heredó a los doce años de edad la fabulosa fortuna que su padre había comenzado a levantar medio siglo antes con el contrabando de alcohol. Esa fortuna, provechosamente puesta en manos de administradores experimentados, sirvió a lo largo de cincuenta y siete años para sostener el lujo del imperio Sjowall, para comprar favores e influencias y para pagar las extravagantes deducciones existenciales de Ismael, que al morir dejó once viudas, veintinueve hijos y cuarenta y seis nietos.

La primera mujer a la que Sjowall amó se llamaba Karen Däumling y tenía catorce años, dos menos que él. Estuvieron juntos siete meses. Luego ella lo abandonó por otro muchacho. Durante las semanas siguientes, en el curso de un poderoso extravío de su identidad, Ismael protagonizó cuatro intentos de suicidio, todos ellos prudentemente anunciados. Creyó que moriría en cualquier caso: si no lo mataban una cuchilla de afeitar o un frasco de analgésicos, lo mataría la pena. Pero sobrevivió, y llegó a olvidar. Al cabo de un año el rostro de Karen estaba dibujado sobre el agua: sus gestos se desfiguraban al removerlos en la memoria. Sjowall no era ya capaz de entender cómo había podido amar alguna vez a aquella niña ramplona de dientes torcidos y ojos arrugados. El amor, abusando de la confianza que con frecuencia se le presta, había vuelto a convertirse en afrenta y escarnio.

Mucho tiempo después, sin embargo, cuando volvieron a encontrarse, Ismael la miró a los ojos y sintió por ella la misma ternura tibia de los días pasados en los que la había amado. Aquella noche durmieron juntos. Luego empezaron a verse a menudo. Finalmente, Karen se mudó a la mansión de los Sjowall y tomó posesión de jardines, salones y dormitorios. Fue en un dormitorio, precisamente, donde la encontró Ismael besando al hijo mayor de la cocinera, que estaba ya desnudo y se afanaba en desnudarla a ella.

En esta ocasión Ismael no intentó suicidarse. Echó a Karen de su casa con admirable serenidad y se encerró luego a pensar. Permaneció sin salir de sus habitaciones nueve meses y trece días. En ese tiempo, ordenadamente, se consagró a la meditación y a la especulación filosófica. Trató de averiguar, empleando procedimientos diversos, qué era el amor, cuál era su sintomatología y por qué el organismo humano seguía siendo vulnerable a virus que ya conocía y había padecido. Y lo averiguó. Después de muchos requiebros intelectuales y de inacabables dobleces de la razón, halló una explicación satisfactoria a sus desvaríos y a los desvaríos ajenos. La redactó con esmero, oscureciéndola con metáforas y con una sintaxis elegante, e hizo imprimir un folleto de treinta y tres páginas, que fue enviado por correo a dieciséis mil personas de todo el mundo, cuidadosamente elegidas de entre los sabios. La mayor parte de ellas, sin embargo, no conocían la lengua sueca, y a pesar de su concisión, de su amenidad y de su belleza formal, nunca leyeron el opúsculo de Sjowall.

La doctrina, demasiado elaborada como para resultar novedosa y demasiado coherente como para ser verdadera, no tiene un interés singular. Es una hermosa y conmovedora exégesis de su relación con Karen Däumling, a quien nunca nombra. El hombre —pretende Sjowall— dispone de tantas vidas diferentes como historias de amor conoce. Todas ellas son potencialmente posibles y ontológicamente irreales. Ninguna de ellas, debido a esta contradicción, llega pues a consumarse. El hombre ama, e imagina luego una vida conforme a ese amor. Esa fantasía, asociada ya indeleblemente a un punto de la historia del sujeto, cobra sin embargo existencia independiente y se separa de él. El sueño, coincidente con la vigilia durante un instante, se desgaja progresivamente de ella, hasta llegar a un estadio de la conciencia en el que el individuo reconoce y acepta que la vida planeada —una de las muchas que intentará en el curso de su vida biológica— se ha malogrado. Deja entonces de amar y reconstruye sus recuerdos.

El hombre añora, no obstante, ese estado de armonía primaria y de placidez fetal que tiene lugar únicamente mediante la concurrencia, en un mismo tiempo, de su existencia falsa y de su existencia verdadera. No sólo desea ser feliz, sino que desea haberlo sido desde el origen. En otras palabras: no le basta con inventar nuevas vidas provisionalmente dichosas, sino que necesita reingresar en las antiguas, ya devastadas, y comenzarlas de nuevo. Echa de menos los sueños que tuvo, pero no se conforma con recordarlos (eso, dice Sjowall, es la nostalgia): los vuelve a tener. Olvida lo que el tiempo le ha hecho conocer acerca de la mujer a la que amó, porque tiene miedo a la muerte y ese conocimiento la exige. Tolera las mentiras, los fraudes y los desencantos, porque de ese modo sigue haciendo posible y sigue creyendo real una vida imaginaria, cuya hermosura es ya imborrable en la memoria. Reúne dentro la ilusión y la existencia que divergen fuera. No ama a una mujer, sino a su propia quimera.

Ismael Sjowall vivió todas las vidas de las que dispuso. Karen Däumling volvió a su casa y ya nunca salió de ella. Diez mujeres más, de las que Ismael fue enamorándose en el curso de su vida, repartieron y compartieron los jardines, los salones y las alcobas. Todas tuvieron hijos de él y todas le sobrevivieron. Fue una de ellas, la más joven, quien encargó el epitafio de su tumba: AQUÍ YACE UN HOMBRE QUE MURIÓ UNA SOLA VEZ: LA VEZ POR LA QUE YACE.

Este libro
se terminó de imprimir
en los Talleres Gráficos
de Rogar, S.A.
Fuenlabrada (Madrid)
en el mes de enero de 1990